Toño Rocha

Tom Peters

REINVENTANDO EL MANAGEMENT

TRADUCCIÓN:

DOROTEA PLÄCKING DE SALCEDO

EDITORIAL ATLANTIDA

BUENOS AIRES • MEXICO

el

proyecto

50

0: CINCUENTA MANERAS DE TRANSFORMAR
CADA TAREA EN UN PROYECTO QUE ¡IMPORTA!

Diseño de tapa: Chip Kidd

Título original: TOM PETERS REINVENTING WORK/THE PROJECT 50
Copyright © 1999 by Excel/A California Partnership.
Edición publicada de acuerdo con Alfred A. Knopf,
una división de Random House, Inc.
Copyright © Editorial Atlántida S.A., 2000.
Derechos reservados para México: Grupo Editorial Atlántida Argentina de México
S.A. de C.V. Derechos reservados para los restantes países de América latina:
Editorial Atlántida S.A.
Primera edición publicada por
EDITORIAL ATLANTIDA S.A., Azopardo 579, Buenos Aires, Argentina.
Hecho el depósito que marca la Ley 11.723.
Libro de edición argentina.
Impreso en España. Printed in Spain. Esta edición se terminó
de imprimir en el mes de agosto de 2000 en los talleres gráficos
Sagarra Mármol, Barcelona, España.

I.S.B.N. 950-08-2418-3

DEDICATORIA

Dick Anderson, ex comandante en jefe del Noveno Batallón de Zapadores Navales de la Marina Estadounidense en Danang, República de Vietnam, quien me enseñó (a mí, el alférez T. J. Peters, CEC, USN 693355) el *Can Do!** y los ¡Proyectos UAUU! en 1966.

—Tom Peters

James Carville, por "la campaña" como el máximo ¡Proyecto UAUU! de alto compromiso.

Susan Sargent, Perk Perkins y **The Dream Team,** "verdaderos creyentes" y, contra viento y marea, creadores del Hunter Park y de la pista de patinaje Riley Rink, las más extraordinarias instalaciones comunitarias del sur de Vermont.

---

* La realidad: el *Can Do!* de los Seabees de la Marina de los Estados Unidos precedió en 50 años al lema de Nike *Just Do It!*

Lo que hacemos es importante para nosotros. El trabajo podrá no ser lo más importante ni lo único en nuestra vida. Es probable que trabajemos porque necesitamos hacerlo pero, a pesar de todo, queremos amar nuestro trabajo, sentirnos orgullosos de él y respetarnos por lo que hacemos y porque lo que hacemos importa.

—Sara Ann Friedman, *Work Matters: Women Talk About Their Jobs and Their Lives*

LISTADOS 50: C R E D O

ESCLAVOS ENCERRADOS EN VUESTROS CUBÍCULOS...
ARRANCAOS LA CORBATA... QUITAOS LOS ZAPATOS DE
TACOS ALTOS...

¡EL TRABAJO PUEDE SER ALGO FANTÁSTICO!

¡EL TRABAJO PUEDE SER ALGO HERMOSO!

¡EL TRABAJO PUEDE SER DIVERTIDO!

¡EL TRABAJO PUEDE IMPORTAR!

¡U-S-T-E-D PUEDE IMPORTAR!

¡DESTRUYA LAS PAREDES DE SU CUBÍCULO!

¡ROMPA LAS HISTORIETAS DE DILBERT!

¡SE VIENE LA REVOLUCIÓN DE LOS CUELLOS BLANCOS!

¡EL 90 POR CIENTO DE NUESTROS PUESTOS DE
TRABAJO CORRE PELIGRO!

¡HÁGASE CARGO DE SU VIDA!

¡SUBVIERTA LAS JERARQUÍAS!

¡CONVIERTA CADA PROYECTO EN UN UAUU!

¡SEA DISTINTO... O EXTINTO!

ÉSTE ES UN NUEVO MILENIO: SI AHORA NO...
¿C-U-Á-N-D-O?

LISTADOS 50:
INTRODUCCIÓN A LA SERIE

No vamos a defenestrar a Dilbert. ¿Quién se atrevería? Pero creemos que el trabajo puede ser sensacional, que puede ser chispeante y creativo. En una palabra, CREEMOS QUE EL TRABAJO IMPORTA.

El trabajo —el suyo tanto como el mío— tal como lo conocemos hoy en día, será reinventado en los próximos diez años. La cosa es así de simple. Y de profunda. Le explico por qué:

El duro sindicalista militante de antaño recuerda. En 1970 (y no estamos hablando de la prehistoria) les llevaba unos cinco días de trabajo a 108 tipos descargar un barco cargado de madera. ¿Y hoy? En la era del contenedor, ocho tipos... Un día de trabajo.

Lo mismo sucedió en el campo, cuando apareció la trilladora. Y en el centro de distribución, cuando llegó el elevador de carga. Y en el puerto.

Pero hoy estamos en el nuevo milenio, caramba. Más del noventa por ciento de todos nosotros —incluso en las llamadas empresas "de manufactura"— trabajamos en tareas administrativas, en trabajos de "cuello blanco". La realidad es que nunca antes habíamos —ni siquiera nos habíamos preocupado— de la productividad de "cuello blanco". Nunca. Hasta ahora...

Es un juego totalmente nuevo. ¡ESTALLÓ LA REVO-LUCIÓN DE LOS CUELLOS BLANCOS! Se está analizando la productividad de los empleados contables con la misma minuciosidad con que antes se analizaba la productividad de los estibadores. Y creemos tener una leve idea de lo que van a ser las nuevas reglas de juego.

La revolución: Sistemas de información. Tecnología de la información. Sistemas de planificación de recursos empresariales. Intranets.

Patrones para gerenciamiento de capitales y cono-cimientos. Gerenciamiento empresarial del cliente. La Red. Globalización. Desregulación global. Etc. etc. Todo ello, alimentando una revolución única —sin exagera-ción— en los últimos 100, 200, 500(?) años.

Lo cual nos lleva a esta nueva serie de libros, que pretenden ser ni más ni menos que la reinvención total del management (cómo lo vemos, cómo lo encaramos, cómo accedemos a él). La revolución de la reinvención del management resulta ser una oportunidad sin igual para la liberación, tanto en nuestras organizaciones como en nuestra vida.

Este libro es parte de la primera emisión de una serie de lo que hemos denominado Listados 50. Cada libro describe un aspecto diferente del management en la Nueva Economía. Cada libro se basa en 50 ideas funda-mentales.

—Los editores

Í N D I C E

II. ¡Venda! 143

el proyecto

50

INTRODUCCIÓN:
¿A QUÉ VIENE TANTO
ASPAVIENTO POR LOS
PROYECTOS?

Llegó la Revolución de los Trabajadores de Cuello Blanco. (Por fin). La Revolución de los Cuellos Blancos incluirá —¡estemos preparados para ello o no!— a más del 90 por ciento de trabajadores del conocimiento durante los próximos diez años, más o menos.

Y la mayoría no estamos preparados.

Elemental, mi querido Watson. La mayoría de los trabajos administrativos o de "cuello blanco"—tal como los conocemos en este momento— irán desapareciendo a medida que vayamos aplicando correctamente toda esa "cosa" de la PRE: Planificación de los Recursos de la Empresa, etc. Colegas, habéis leído bien: más del 90 por ciento. Fuera. Sayonara, como dicen los japoneses. Alrededor del año 2004, los trabajadores de cuello blanco harán que la "reingeniería" que aplicaron las empresas hacia 1994 parezca, en comparación, un cambio casi insignificante.

He estado luchando con este tema durante años. Buscando *la* respuesta a la pregunta del millón: ¿Cómo se transformarán los trabajadores de cuello blanco de hoy en día —**¡usted y yo!**—, tal como lo hicieron los trabajadores fabriles y los trabajadores portuarios en el pasado?

LA EMPRESA DE SERVICIOS PROFESIONALES, ANTES NUNCA ESTUDIADA, AHORA ES EL MODELO

Hay un tipo de organización que, desde hace mucho tiempo, ha convertido el trabajo de cuello blanco en algo ingenioso … y muy lucrativo. Me refiero a la Empresa de Servicios Profesionales… o ESP, como la llamo yo. Abogados. Arquitectos. Diseñadores gráficos. Diseñadores industriales. Empresas de servicios de ingeniería. Consultoras en administración. Estudios contables.

Agencias de publicidad. Mientras que, en su momento, esos grupos operaban en la periferia— y eran directamente considerados parásitos de la economía basada en la manufactura— ahora constituyen el frente y el centro y son los que definen los roles en la llamada "economía del conocimiento".

(Es gracioso: Sabemos muy poco sobre estas empresas. Acerca de cómo y por qué funcionan. No las hemos estudiado. Sólo puedo sospechar que ello se debe a que no las tomábamos en serio. Es cierto: en realidad, las veíamos como parásitos.)

Algunas son gigantescas… por ejemplo Andersen (es decir, Arthur Andersen y Andersen Consulting)… o ESP. Estas firmas registran ganancias anuales de miles de millones de dólares. Y pueden llegar a emplear a más de 100.000 personas. También tenemos las empresas unipersonales de servicios profesionales, o sea, el contador que trabaja en una habitación de su casa convertida en improvisada oficina. Pero todas se dedican a lo mismo: proveer servicios y ganar dinero aprovechando sus conocimientos. **Punto.**

¿Mi conclusión (inexorable)? Aquellos que sobrevivan —dentro o fuera de la nómina de personal de una corporación— asumirán los atributos de "auténticos" miembros de una empresa de servicios profesionales. Y se comportarán —una vez más, sin importar cuál sea su verdadero status oficial— como contratistas independientes.

Lo cual me conduce ... finalmente ... natural e inevitablemente, a... El Trabajo Propiamente Dicho. Es decir, los ... **p-r-o-y-e-c-t-o-s.**

PROYECTOS CON PERSONALIDAD: LA (ÚNICA POSIBLE) (NUEVA) BOTTOM LINE

La empresa de servicios profesionales —no importa que tenga 2 ó 22.222 empleados— posee un denominador común invariable: el proyecto. El proyecto —con su inicio y su término y sus clientes y su producto final— es lo que hacen las empresas de servicios profesionales. **Punto.** Únase a cualquiera de estas compañías, y no tenga la menor duda de que, a la hora del almuerzo de su primer día de trabajo ya se encontrará integrando un grupo de desarrollo de proyecto. (Ésa fue mi experiencia en McKinsey & Co. en diciembre de 1974. El día en que empecé a trabajar allí, llegué a la oficina a las 9:00 de la mañana. A las 10:00 ya era parte de un grupo que estaba abocado a la evaluación de una instalación agroquímica por valor de dos mil quinientos millones de dólares. A las 13:00 estaba volando a Clinton, en el Estado de Iowa, para visitar a un cliente.) Y seguirá formando parte de un equipo de proyecto hasta una hora antes de que entregue la llave de su escritorio y se vaya para siempre de la empresa. (También eso me sucedió en McKinsey en diciembre de 1981. En realidad, incluso después de irme trabajé bajo contrato en mi proyecto final.)

Sin embargo, lo realmente extraño es esto: No sólo no hemos estudiado la empresa de servicios profesionales... sino que tampoco hemos estudiado los *proyectos*. Seguro, tenemos herramientas para la elaboración y el análisis de proyectos: diagramas de barras, diagramas de Gantt, PERT/CPM(*Program Evaluation and Review Technique/Critical Path Method* [Técnica de evaluación y revisión de programas/Método del camino crítico]). Y una tonelada de programas de computación, como por ejemplo, el Microsoft Project.

Pero: Casi todo el trabajo relacionado con un proyecto exige que se defina el tema principal. ¿Cuál es "la esencia" del proyecto? ¿Qué es lo que lo hace memorable? ¿O ... no tan memorable?

Me he pasado 30 años estudiando empresas. Desde luego, hice cursos de contabilidad. Y adherí a los principios de la contabilidad. Y aposté a los diagramas de barras y a los diagramas PERT. (Cuando obtuve mi segundo título universitario, en ingeniería civil, me concentré en la administración de construcciones ... y aprendí al dedillo a utilizar los diagramas PERT.) Pero mi carrera la dediqué al "otro" aspecto de los negocios: la pasión, la emoción, la excitación, los sueños, los fracasos nobles. Y estoy absolutamente convencido de que es allí donde se pueden encontrar los frutos de la Revolución de los Trabajadores de Cuello Blanco.

O sea: **El proyecto de gran impacto es la piedra preciosa ... la pepita de oro ... la partícula atómica fundamental a partir de la cual un nuevo mundo de cuellos blancos habrá de construirse y/o reconstruirse.** Mi descarado propósito: reinventar el lenguaje de los proyectos. (Y de paso... ¡reinventar el management!) No, no descarto los paquetes de programas de computación. (A pesar de que la mayoría son mucho más complicados de lo necesario. "GROUPWARE es maravilloso —me dijo un ejecutivo del mercado de la tecnología—. Fácil. Se lo llama e-mail.") Pero mi objetivo, en estas páginas, es concentrarme en lo que yo llamo "el 98 por ciento perdido"... la "esencia" de la creación ... y de las ventas ... y de la implementación ... de proyectos de los cuales usted seguirá pavoneándose, con orgullo y profunda satisfacción ... dentro de **10(!)** años.

¡JUNTANDO PEPITAS DE ORO!

Desde que empecé a estudiar proyectos brillantes, quedé hipnotizado ante los individuos y los grupos que están a la búsqueda de "algo". Por ejemplo: Acabo de leer un artículo en la revista *The New Yorker*, escrito por Jean Strouse, quien acaba de concluir una biografía de J.P. Morgan. Me pregunto: el mundo, a principios del nuevo siglo, ¿realmente necesita "otra" biografía de ese tipo? Bueno, la señora Strouse cuenta que ella fue la primera en tener acceso a un nuevo material sobre Morgan. ¡Ta-tán, ta-tán! Se pasó *c-i-n-c-o a-ñ-o-s* leyéndolo. **¡Me encanta eso! ¿No es sen-sa-cio-nal?**

Está también la primera novela de Peter Landesman, Raven, que describe la vida de los pescadores de langostas en el Estado de Maine. (¡Qué vida!) Me impactó el dominio magistral y absoluto de la disciplina de esa gente. Y su perseverancia. Y me sorprendió lo lejos que estaba todo eso —en una historia negra y sin romance— del mundo de Dilbert/me-importa-un-carajo.

Y ni hablemos de la noche de la inauguración del MASS MoCA (Massachusetts Museum of Contemporary Arts) el 30 de mayo de 1999. North Adams, en el Estado de Massachusetts, es un típico pueblito de esos que en su momento vivieron de la manufactura y ahora están en vías de desaparición. Sin embargo, en el caso de North Adams, gracias a la inspirada visión de Thomas Krens, el director del Museo Guggenheim, una fábrica abandonada de la empresa Sprague Electric Company se ha transformado —bajo la dirección de arquitectos como Frank Gehry— en el centro contemporáneo de artes visuales, danza y teatro más grande de los Estados Unidos (5 hectáreas, 27 edificios ... 20.500 metros cuadrados de salas de exposición, teatros, salas de ensayo y espacios para la producción artística). Los obstáculos fueron muchos... Por ejemplo, cuando el "Milagro de Massachusetts" se quedó sin recursos, surgió la amenaza de que la provisión de fondos por parte del Estado, que igualaba al monto aportado por el Museo, también desapareciera. Sin embargo, al final se logró que un sueño "loco" se convirtiera en una realidad magnífica. Como lo expresó el comentarista del *Wall Street Journal* al referirse a la noche inaugural: "He visto el futuro, y ese futuro es el MASS MoCa".

O sea: El trabajo puede importar.

NUESTRO "MODELO"

Nuestro modelo es simple. Y será ampliado en este libro y en los otros libros de esta serie. Aquí se lo muestro:

La "esencia" —los sistemas de Planificación de Recursos de la Empresa, el Intercambio de Datos Electrónicos, las Intranets de una compañía, la Internet, etc.— están echando leña al fuego de la revolución. El punto de impacto de este meteoro del milenio es: el trabajador de **cuello blanco**.

Quienes sobrevivan —dentro o fuera de la nómina salarial de una corporación— arrojarán por la borda (prácticamente) todo lo que aprendieron y adoptarán los atributos/actitudes de una ESP/**Empresa de Servicios Profesionales** (véase lo dicho antes, como así también el libro *La Empresa de Servicios Profesionales* en esta misma serie). Cada cual se comportará como un contratista independiente, o lo que yo llamo "la marca es usted" (ver el libro de esta serie *El marketing personal*). Es decir: los sobrevivientes, quieran o no, serán un producto... y tendrán que destacarse claramente en "algo".

Y la bottom line —el elemento básico y resultado final— de la ESP, de que la marca es usted y de la Revolución de los Trabajadores de Cuello Blanco será: **el Proyecto** (tema de este libro).

Así es la cosa. Los tres elementos. La organización: **la Empresa de Servicios Profesionales**. El Individuo: **la Marca es Usted**. El trabajo: **el Proyecto**. Punto.

DESAPARECIDO-EN-ACCIÓN I: EL PROYECTO

¡Simplemente no lo entiendo! No hace mucho tiempo leí un libro increíble acerca del nuevo empleado como hombre de negocios y como contratista independiente: *Creating You & Company*, de William Bridges. Aprendí mucho ... y, de hecho, robé muchas cosas de ese libro (con los agradecimientos del caso, por supuesto). Pero últimamente le eché otra ojeada. Un material i-n-c-r-e-í-b-l-e. En eso yo había estado en lo cierto. ¿Pero adivine qué descubrí? Ni una sola palabra sobre proyectos. La palabra "proyectos" ni siquiera figura en el índice. Y sin embargo, ¿cuál es (por fuerza) el núcleo de *You & Company*? En *mi* opinión: ¡el proyecto! ¿Entonces, por qué el señor Bridges lo pasó por alto? No tengo la menor idea.

También leí el libro *The Future of Staff Groups*, de Joel Henning. Otro trabajo original y bien hecho. Y un tratado fuera de lo común acerca de este —tan ignorado— tema. Revisemos el índice: nada relativo al "proyecto". ¿P-o-r q-u-é? (La misma historia que en el caso anterior.)

Y en el mundo poco estudiado de las empresas de servicios profesionales hay un solo gurú: David Maister. ¡Me *encanta* su trabajo! ¡Aprendo de él! ¡Le robo ideas una y otra vez (por supuesto con los permisos correspondientes)! De modo que me remití a su trabajo más reciente, *True Professionalism*. Buenísimo. Lo que no se encuentra en el índice es… el proyecto. Una vez más, la misma historia. ¿*Por qué*? Y, una vez más, ¡esto me deja completamente perplejo!

DESAPARECIDO EN ACCIÓN II: ¡EL TRABAJO EN SÍ!

No necesitamos "grandes líderes". Nosotros, como individuos, tenemos que seguir adelante haciendo "cosas fabulosas" y no aceptar otra cosa de nosotros mismos.

—Participante en un seminario, Varsovia (12/98)

¿Puede imaginarse un "gran" cardiólogo que no esté obsesionado con los corazones?

—Participante en un seminario, Zurich (12/98)

En los libros sobre conducción de personal, nos encontramos con algo curioso. Raramente hablan sobre el trabajo en sí. O sobre esos proyectos que ponen la piel de gallina, en los cuales el personal está (al menos eso esperamos) involucrado. Seguro … El "trabajo" de conducción significa motivación, inspiración, organización, visión. Pero ¿cómo se pueden entender estas ideas sin que se hable del… **trabajo en sí?**

Supongo que es por eso que me enamoré ipso facto del libro *Mastery*, de George Leonard. Basado en gran parte en su propio camino hacia la obtención del Cinturón Negro en judo, el libro trata el tema del… trabajo en sí. La manera en que Leonard avanza para alcanzar —con mucho dolor y después de mucho tiempo— un desempeño excepcional en la búsqueda de un logro.

Piense: Es raro (¿no?) que nadie(!) escriba acerca de "conseguir maravillas en el trabajo en RR. HH.", o de tener un "desempeño excepcional en Finanzas". Hmmm…

(Por qué no consideramos las RR.HH. algo tan fabuloso como el fútbol americano? Los Denver Broncos —y yo soy un fanático rabioso de la NFL (National Football League)— pasan la vejiga seca de un cerdo inflada de una punta a la otra de un campo cubierto de pasto sintético. La directora de RR.HH. es responsable de, digamos, el desarrollo profesional de 623 seres humanos. Para mí… ella es más fabulosa que John Elway. ¿Está claro?

¿Por qué Silicon Valley es tan exitoso? Mi opinión: ¡Es el hogar de facto para el movimiento anti-Dilbert! Es decir, una cantidad poco usual de "empleados" están atrapados en . . . el trabajo mismo. Obtienen satisfacción de su misión. . . de sus productos fabulosos. . . de los proyectos que cambian el mundo (como lo ven ellos), en todos los cuales están realmente involucrados. (Y tampoco les molesta la posibilidad de tener acciones de sus empresas, símbolos de auténtica propiedad.)

* * *

Hay que hacer cosas que la gente común no entiende, dado que ésas son las únicas cosas buenas.

—Andy Warhol

* * *

De todo esto, échele la culpa (¿por qué no?) a la Escuela de Negocios de Harvard... a la mentalidad de la década del '70, que postulaba un "tamaño único" para todos y afirmaba que "los buenos gerentes pueden manejar cualquier cosa". Lo que no está presente es: la pasión por esa "cosa": autos, hamburguesas, avisos, RR.HH. o lo que sea.

Siguiendo a ese participante del seminario de Zurich cuya cita encabezó está sección, ¿puede usted imaginar un cardiólogo que no tenga pasión por los corazones? ¿Un jugador profesional de béisbol que no esté obsesionado con el béisbol? ¿Un encargado de edificio a quien no lo obsesione la limpieza?

Yo no puedo.

MÁS QUE PASIÓN

Este pequeño libro no trata del "lado pasional" de los proyectos. ¡Eso sería un horrible y deliberado engaño! Sugeriría que un 50 por ciento de la vida de un proyecto es "fría"... los diagramas de barras. Y un 50 por ciento es "caliente"... la pasión. Ésa sería una separación peligrosa ... la antítesis del objetivo por el cual estoy luchando... que es la integración de *todos* los aspectos de un proyecto en un *todo* memorable. Éste es un libro sobre proyectos *reales* y sobre los problemas *reales* que ellos enfrentan:

Desafío 1: Dar vueltas y más vueltas a la estructura y los detalles específicos de una tarea determinada ... hasta que se convierta en un "proyecto decididamente fabuloso", como dice uno de mis compinches.

Desafío 2: Vender el "proyecto decididamente fabuloso". Resulta que una gran dirección de proyecto —¡en el mundo real!— es, más que nada, un gran juego de ventas. Es decir, ¡conseguir que todo tipo de gente lo apoye, lo ayude y le dé lo mejor de sí!

Desafío 3: Ejecución ... ¡más arte! Reunir a los usuarios. Probar al vuelo. Siempre moviéndose ... revisando ... avanzando ... creando ímpetu. Generando cuchicheos ... referidos al proyecto. Completando el proyecto y logrando un producto final UAUU... algo de lo que usted hablará con orgullo durante años.

Desafío 4: Y, finalmente … dejarlo ir … y entregar el proyecto a los "tipos de traje" para que pueda ingresar en la corriente, la nueva (fabulosa) "manera en que hacemos las cosas por estos lados".

PROYECTOS DECIDIDAMENTE FABULOSOS

También conocidos como
¡PROYECTOS UAUU!

Y sí… **Decididamente fabulosos.** Permítame confesarle algo: éste es un libro sobre proyectos decididamente fabulosos (en su momento lo llamamos *El arte de realizar proyectos realmente fabulosos*). Nuestro término favorito en este momento: Proyectos UAUU (es decir: UAUU = Decididamente fabuloso). David Ogilvy, el genio de la publicidad, dijo que un aviso memorable debe "dejar sin aliento" al público. Ted Koppel, el presentador del programa de televisión *Nightline*, se refiere a las historias con grandes noticias como aquellas que "hacen caer el cucharón", con lo cual quiere decir que alguien que está en la cocina dejará caer el cucharón para c-o-r-r-e-r hacia el televisor. Me encanta eso … Hacer caer el cucharón. Bueno, yo pienso que los proyectos increíbles —¡decididamente fabulosos!— como ser, las computadoras Mac de Apple (o iMac), el avión Lockheed SR-71, la afeitadora Gillette Sensor, el Mass MoCA… *y ese nuevo programa de entrenamiento en el que usted está trabajando…* debe dejar sin aliento a quienes lo vean … debe hacer caer el cucharón.

un proyecto UAUU es………

Un ¡proyecto **UAUU**!… Genera un UAUU. (Punto.)

Un ¡proyecto **UAUU**! …es dinámico, estimulante, un gran constructor de unidad entre los compañeros de trabajo, algo que hace hablar a los usuarios finales, y además es… inspirador, agotador, caliente, frío, sensual… Un proyecto en el cual todos quieren estar involucrados.

Un ¡proyecto **UAUU**! …confronta y redefine un tema o un problema importante de modo tal que sus hacedores (¿piratas?) serán recordados por ese trabajo durante los próximos diez años. ("Yo integré el equipo original de la Mac.") Un aura de innovación flota sobre los participantes-piratas de estos proyectos.

Un ¡proyecto **UAUU**! …se mueve a velocidades récord …es considerado un éxito increíble, hasta por sus primeros detractores …convierte la creación rápida de prototipos en su mantra… y le hace pito catalán a todo lo que huela a burocracia.

Un ¡proyecto **UAUU**! ... se "mide" directamente en términos de Belleza + Gracia + ¡UAUU! + Impacto revolucionario + Usuario en estado de éxtasis.

Un ¡proyecto **UAUU**!... ¡es el lugar donde hay que estar! Es la quintaesencia de "La marca es usted". Si dejó pasar la oportunidad de estar en ese equipo... bueno, que tenga más suerte la próxima vez.

Un ¡proyecto **UAUU**!... es la máxima expresión de personalidad y carácter. Sus demandas son duras. Sus beneficios, inconmensurables. No es algo para los débiles de corazón.

Un ¡proyecto **UAUU**!... comienza con U-S-T-E-D.

¡EL PROYECTO C'EST MOI!

En la película de Wayne Wang *Smoke*, Auggie (interpretado por Harvey Keitel), el dueño de un negocio de Brooklyn, inesperadamente se relaciona con Paul Benjamin (interpretado por William Hurt), un escritor cuya esposa fue asesinada en las calles de Nueva York. Auggie invita a Benjamin a su departamento y, mientras fuman un cigarro, saca una pila impresionante de álbumes de fotos. Resulta que Auggie estuvo sacando fotos de la misma esquina todas las mañanas —¡durante años!— a la misma hora. Esos álbumes son conmovedores, es lo menos que se puede decir de ellos. "Son el trabajo de mi vida. Son mi *proyecto*", le confiesa Auggie a Benjamin.

Me encanta este ejemplo. Para mí ha capturado a la perfección la esencia, la pasión, el imperativo d-e-l p-r-o-y-e-c-t-o. O mejor dicho: el-proyecto-que-realmente-importa-y-me-define.

Puede ser la construcción del túnel bajo el Canal de la Mancha o una estación espacial. O pueden ser fotos tomadas en la misma esquina de Brooklyn a la misma hora todas las mañanas . . . durante años.

El denominador común: ¡Algo que importa! ¡Algo que vale la pena! ¡Algo que define! Algo en lo que uno está metido hasta el alma. ¡Y algo que tiene vida!

Usted no tiene por qué saberlo, claro, pero yo admiraba a la que luego sería mi esposa, Susan Sargent, antes de amarla. Susan tenía empuje, iniciativa e imaginación. Propuso construir un estadio de hockey sobre hielo de tamaño olímpico en un pueblito de Vermont, una estructura que pudiera ser usada por todo el Estado como un centro de actividades artísticas cuando la pista no tuviera hielo. Era un sueño ridículo (un sueño de cinco millones de dólares para un pueblo de cinco dólares). De hecho, ella y su grupo original de miembros plenarios se bautizaron a sí mismos *The Dream Team* (El equipo de los sueños). Durante seis años lucharon contra todo tipo de obstáculos. Que fueron muchos. La depresión era materia corriente en la vida cotidiana de ese equipo. Y sin embargo, ella y su banda de piratas tuvieron éxito. El estadio está ahí y, decididamente, es algo que hace caer los cucharones. Dicho sea de paso, Susan es una artista y una mujer de negocios muy exitosa. Pero ese estadio era su proyecto ¡UAUU! Y es su "proyecto definitorio".

¿Es posible que todos los trabajos en la vida sean como ese estadio? Honestamente, creo que sí. Como es natural, a pesar del trabajo duro y los esfuerzos heroicos, muchos sueños no se convierten en realidad. Pero si no nos atrevemos a soñar y luego a poner músculo, corazón y alma para hacer que ese sueño sea una realidad, ¡los proyectos UAUU —y todas las riquezas emocionales, intelectuales, espirituales y financieras que conllevan— no formarán parte de nuestra vida!

Brindemos por la factibilidad del ¡UAUU!
¿De acuerdo?

ORGANIZACIÓN

Nuestra lucha libre en torno de la poco estudiada idea de los proyectos/los proyectos-que-importan/los proyectos UAUU llevó a la identificación de cuatro etapas:

* ¡Crear!
* ¡Vender!
* ¡Implementar!
* ¡Salir!

Es más, sostengo que 3 de las 4 etapas (todas menos "implementar") no se encuentran presentes en 9 de cada 10 (¿10 de cada 10?) tratados sobre dirección de proyectos. Y "ellos" —los tradicionalistas— no entienden para nada la parte de implementación, además de considerarla como un acto mecánico … cuando en realidad es, más que nada, una extensión de la etapa de ventas.

Piense:

	CREAR	VENDER	IMPLEMENTAR	SALIR
Énfasis tradicional	10%	0%	90%	0%
Nuestro enfoque	30%	30%	30%	10%

Nuestro punto de vista: es importante dar forma al proyecto **("crear").** O sea: ¿Es sensacional/vale la pena hacerlo? ¿Puede atraer adherentes fabulosos e inconformistas?

Impulsar **("vender")** es tan crítico para el proyecto de negocios-proceso-rediseño en el departamento de finanzas, como lo es para una futura producción de Broadway.

La ejecución **("implementar")** es esencial, pero cada vez ponemos menos énfasis en los planes extensos y a largo plazo por escrito, para enfatizar en cambio la parte de prueba y error. (De hecho, creemos que esto es tan importante —lo que denominamos la creación rápida de prototipos— que hemos dedicado al tema un libro entero en esta serie... *The Quick Prototype50.*)

Y, finalmente, que el proyecto pase a tener vida propia, es decir, su traspaso a la corriente **("salir")** es todo un arte... Basta con equivocarse en esto y el proyecto carecerá de impacto duradero.

* * *

En última instancia, lo que tratamos de hacer es nada menos que redefinir "el proyecto de vida"... y de paso tratar de definir el trabajo mismo. La vida (organizacional, personal) = Proyectos. La vida bien vivida (organizacional, personal) = Proyectos UAUU.

EL PROYECTO UAUU VS. UN DÍA DE TRABAJO "CUALQUIERA"

A fines de enero de 1999, me encontraba de visita en Nueva York. El jueves por la noche fui al Carnegie Hall a escuchar a la orquesta de St. Luke's, bajo la inspirada dirección de Sir Charles Mackerras, interpretando varias obras de Haydn. Al día siguiente, viernes por la noche, concurrí a la Metropolitan Opera, donde Plácido Domingo hacía una representación increíble de *Simon Boccanegra*. El sábado por la mañana, en Rizzoli, compré un libro del que nunca había oído hablar: *Cities in Civilization*, de Sir Peter Hall. En algún momento se me ocurrió que cada uno de esos "eventos"/"ítems"... interpretaciones o libro, era un proyecto UAUU... y estaba muy (pero muy) lejos del típico día de oficina según Dilbert.

¿Cuál es la diferencia?

PLÁCIDO-EN-EL-TEATRO/ETC.	DEPTO. DE COMPRAS/ETC.
¡Una interpretación!	Un trabajo.
Un acto de pasión desenfrenada.	Cumplir el horario.
¡Memorable!	Olvidable.
¡UAUU!	Bah.
Una pieza de autor.	Escoria burocrática.
Una expresión máxima de carácter.	Sin personalidad.
Un salto hacia lo desconocido.	Todo previsible.
Visible y evaluable de inmediato.	Mayormente invisible.
Producto de enormes inversiones.	Otro día en el trabajo.
Demostración magistral de habilidad.	"Trabajo aceptable".
Cautivante.	Soporífero.
¡El talento domina!	La jerarquía domina.

PLÁCIDO-EN-EL-TEATRO/ETC.	DEPTO. DE COMPRAS/ETC.
Energiza a los intérpretes.	Debilita a los "trabajadores".
Altera el universo del usuario.	El "cliente" es lo último que se tiene en cuenta.
Caliente.	Tibio.
Tecnicolor brillante.	Tonos pastel.
Centrado en el diseño.	Sin diseño.
Estrafalario.	Previsible.
¡Importa!	Mmmm.
Llega a todo el mundo.	Se concentra en lo de adentro.
Aventurero.	Evita asumir riesgos.
Expuesto, visible.	Escondido, oculto.
Una experiencia de crecimiento.	Otro día más hacia la vejez.
¡Curioso en exceso!	Se mantiene estrictamente dentro de los límites.
Motivado por la habilidad/el talento.	Motivado por el jefe. (El mundo de los aduladores).
Con un principio y un final.	Indefinido.
¡Línea argumental apasionante!	Sin tono ni melodía.

BREVE GUÍA PARA EL USUARIO

¡Andando, aventureros! En las páginas que siguen encontrarán unas 200 sugerencias. (Cosas Para Hacer/C.P.H.) Muchas —¿la mayoría?— están caratuladas como de "alta prioridad". La mayoría de ellas insume tiempo —mucho tiempo— y mucho esfuerzo. E implican trabajo suficiente como para tener ocupado a todo un batallón.

De modo que...¿Qué es lo realista? Nosotros hemos estado usando estas "cosas", con participantes en seminarios, durante más de un año. Funcionó para otros, de manera que le recomiendo que usted lo use de la misma manera en que lo hicieron ellos.

Este libro está dividido en más de 50 ítems que aparecen en cuatro secciones (la sección IV es corta). Así que...

1. Lea y explore las secciones de a una por vez. Elija sus cuatro (para usted) puntos más importantes —prioritarios— de las secciones una, dos y tres (y elija uno de la sección cuatro). Punto de partida: las cosas que parecen importantes. Las cosas a las que en este momento no les está prestando mucha atención. Las cosas que son algo raras pero cuyo análisis puede llegar a valer la pena.

2. Ahora examine los ítems de acción asociados con cada una de sus opciones. Elija un ítem de acción por cada opción que valga la pena comenzar ya mismo. (Siguiendo la misma pauta que le presentamos antes, este ejercicio le proporcionará unos trece ítems de acción.)

3. Tome esa lista de 13 ítems y asígnele prioridades: 1 = Tengo que hacer; 2 = Muy buena idea; 3 = Buena idea, pero no tan útil/fabulosa como las otras.

4. Comience a trabajar en tres o cuatro de las prioridades principales, basándose en el análisis del punto tres.

No es una gran ciencia ni hace falta ser un genio para hacerlo. Probablemente usted subrayará algunas cosas que le parecerán importantes . . . y luego trabajará como pueda. Eso está bien. Y funciona bien. Nuestras "instrucciones" pueden servirle de ayuda si de pronto se queda estancado.

Además, las "instrucciones" serán de gran utilidad y funcionarán muy bien si todo un equipo está procesando el material. Insisto, esto no es una ciencia; es una manera de provocar una discusión hasta cierto punto estructurada.

(**Peligro:** Es muy fácil elegir las sugerencias con las que se siente realmente cómodo. P-o-r f-a-v-o-r... asegúrese de que por lo menos la mitad de sus prioridades puedan ser clasificadas como "sorprendentes". Es decir, que lo conduzcan o impulsen —a usted y a sus colegas— hacia lugares y espacios incómodos.)

* * *

¡Buena suerte!
¡Que se divierta!

I. ¡ponga en marcha su creatividad!

Su esposa le dice: "Arregla el inodoro del baño. Ya mismo".

Y su jefe le dice: "Hay que rediseñar la política de Devoluciones, para que sea menos burocrática".

En los dos casos se trata de "proyectos". Y cada uno de ellos está claramente delineado. ¿Correcto?

**No. Equivocado.
Completamente equivocado.**

Veamos el trabajo del inodoro. ¿Hay que arreglar el inodoro? Sin duda. Pero eso también trae a colación el hecho de que el baño está mal ubicado. (¡Parece mentira! ¡Esta casa debe haber sido diseñada y construida por oligofrénicos!) Quizá lo que realmente deberíamos hacer es poner en marcha esa remodelación que tantas veces hemos postergado. Lo cual me hace pensar que mamá está cada vez más y más viejita...¿Tendríamos que aprovechar y construir un pequeño departamento para ella encima del garaje. Y así sucesivamente.

¿Y qué pasa con la política de Devoluciones? ¿No es, efectivamente, otra cosa que un proyecto que apunta a reformular términos y condiciones? Para empezar, no está mal. Pero un análisis que vaya más allá de decir que "sólo" es una política de Devoluciones revela lo siguiente: 1) una burocracia excesiva y procedimientos de gestión muy rebuscados; 2) un prejuicio implícito de que al cliente se lo vea como un inconveniente; y 3) cierta desconfianza hacia nuestros ejecutivos responsables de implementar esa política. ¿Y si resulta que este "pequeño proyecto" —encarado adecuadamente— podría llegar a convertirse en la punta de lanza que nos lleve a un *Programa de la Cultura 2002*, un programa que ataque, de una vez por todas, las deficiencias estratégicas que se vienen arrastrando desde hace años (y que ahora que la competencia es cada vez más dura se van haciendo más y más evidentes)?

Bueno, ahora se le hará claro —¡espero!— por qué afirmo que crear y dar forma a un proyecto es todo menos aceptar automáticamente "la tarea que se nos encomienda".

* * *

Aprovechó cada oportunidad para redefinir [un proyecto], a fin de que el problema pudiera ser solucionado de acuerdo con su visión.
—Steven Heller, *Paul Rand* (una biografía del pionero de los diseñadores estadounidenses)

El hombre sensato se adapta al mundo; el insensato insiste en tratar de que el mundo se adapte a él. Por lo tanto, todo progreso depende del hombre insensato.

—George Bernard Shaw, *Hombre y Superhombre*

1.

REENFOQUE Y REFORMULE: NUNCA —¡JAMÁS!— ACEPTE UN PROYECTO O UNA TAREA TAL COMO SE LO DIERON.

El mundo de los Proyectos UAUU se basa exclusivamente en esto: **REENFOCAR Y REFORMULAR**. Ello significa que: cada "encargo"/ "trabajo" asignado no es más que el punto de partida. Su verdadera "tarea": convertir ese —a menudo común y corriente en apariencia— trabajo/encargo en algo fantástico/memorable/¡UAUU! Repita conmigo: voy a oponerme al statu quo ... ¡llueva o truene (y haré frente al jefe que *no lo capte*)!

En fecha. Dentro del presupuesto. ¿A quién le importa?
          —Participante de un seminario, Houston, otoño de 1998, sobre
                              proyectos que no hacen bullir la sangre.

El quid de la cuestión
¿DE QUÉ SE TRATA? DE CREAR ALGO QUE RECORDAREMOS ... AUNQUE PASEN VARIOS AÑOS.

Recuerde: Mi esposa Susan logró concretar aquel "imposible" proyecto comunitario; ella lo recordará —claramente— dentro de 25 años. Mi "gran" proyecto en McKinsey & Co. —al igual que el primer puente que diseñé/construí como pontonero de la Marina en Vietnam— permanecen vívidos en mi memoria, incluso tres décadas más tarde.

Pero para lograr esos imborrables recuerdos en un futuro ... ¡nunca, jamás, deberá aceptar una tarea tal como se la encomendaron! Gary Withers, jefe de Imagination Ltd., la brillante empresa de marketing británica, acepta ayudar a que dos empresas superen los traumas "post-fusión". Termina inventando una "fiesta del encuentro"... ¡para 40.000 personas! o sea, que tomó una tarea aparentemente aburrida y rutinaria ... y se negó a dejarse encasillar en esa rutina. La reinventó. En grande.

La idea —mejor dicho, L-A idea— es **REENFOCAR Y REFORMULAR**. Tomar una tarea —cualquier maldita tarea— y convertirla en algo-que-se-destaque.

Al igual que con casi todas las cosas (importantes) de la vida, todo es cuestión de actitud mental y de arte; es decir, un rechazo congénito a ser condenado al aburrimiento. Negarse en forma absoluta a pintar siempre con los mismos viejos colores. Oponerse rotundamente a que las dimensiones del lienzo limiten su imaginación.

Usted está "a cargo" de la organización del picnic anual de su empresa. Puede adoptar dos actitudes. Una: ¡Pobre de mí! ¡Qué castigo! *O bien* (la otra): convertirlo en la celebración (proyecto) más increíble, sorprendente, memorable y participativo para mostrar "Quiénes somos" y "Qué valores defendemos" y "De qué manera demostramos que la gente nos importa". Pregúntese: ¿POR QUÉ NO, DEMONIOS?

¡BASTA DE ESOS MALDITOS U.E.M.M.!

Phil Daniels asistió a un seminario que yo dicté en Sidney, Australia. Hablé del "imperativo del fracaso": es decir, que sin fracaso no hay innovación. Me sorprendió explicando su filosofía gerencial:

"Recompensar los fracasos excelentes."

"Castigar los éxitos mediocres."

¡Caramba! ¡Eso sí que me dio vuelta la cabeza! Cientos de veces. O cientos de cientos de veces. **En serio.**

La pregunta es:

¿Qué pasa con ese proyecto en el que está trabajando ... en este preciso momento? ¿Apunta a ser un UAUU? ¿O pinta más bien como que será... "otro mediocre éxito más" ?

Éxito mediocre: no tiene por qué avergonzar. No es señal de falta de inteligencia. Ni es (necesariamente) consecuencia de un esfuerzo limitado. Sólo es ... bueno ... algo que difícilmente será recordado con orgullo dentro de cinco años.

Tras una disertación que hice hace poco para los ejecutivos de una gigantesca empresa de servicios financieros, el CEO me llamó aparte y me confesó: "¡Me movió el piso con lo que dijo! Nosotros somos, por supuesto, una empresa de sistemas de información. Y apuesto a que el 90 por ciento de nuestros proyectos adquieren vida propia, se completan a los tumbos, no están mal, pero, evidentemente, no son más que '¡éxitos mediocres!'"

Regla: Dígalo. Grítelo. Vívalo.
Proclámelo a los cuatro vientos: "No" al U.M.E.M.

(Sólo Un Éxito Mediocre Más)

* * *

Antes de un show [de Bob Dylan] en Portland, hablé con un tipo muy equilibrado, de veintitantos años, que toca en un grupo de funk progresivo. "La última vez que lo vi [a Dylan] en la década del '90, fue algo brutal —me dijo—. Espero que no vuelva a hacer m ...las canciones. Me dijeron que ahora está mejor. Pero hasta cuando está mal, sigue siendo grandioso ...Lo que pasa es que nunca cae en lo mediocre."

–Alex Ross, The New Yorker

C.P.H. (Cosas Para Hacer)/¡Reenfoque y Reformule!

1. Haga una descripción de una página del proyecto que tiene entre manos ... tal como se lo encomendaron. Envíelo por fax/e-mail a tres o cuatro personas "imaginativas" que figuren en su agenda ... hoy mismo ... y pídales que lo ayuden a repensar/reformular/reenfocar el proyecto.

2. Concrete una reunión —dentro de las próximas 48 horas— con la **persona más audaz y creativa** de ese grupo de destinatarios del proyecto. Pregúntele qué haría si usted le pasara el proyecto en este mismo instante.

3. Reúna a tres o cuatro (no más) amigos o compañeros de equipo ... hoy ... durante por lo menos una hora ... y haga con ellos una "tormenta de ideas" para una nueva versión del proyecto. (Punto de partida: desechamos la vieja definición del proyecto ... y empezamos desde foja cero.) Agende cuatro reuniones más de éstas —por lo menos dos de ellas fuera de la empresa— durante los próximos diez días laborables.

4. Déle al miembro más joven —o al más viejo o al más loco— del equipo tres días "sabáticos de reinvención" . Pídale que consulte con quien quiera y con cuántos quiera ... y que a la semana siguiente presente a todo el equipo una Nueva Perspectiva.

5. Confeccione una tabla detallada de todos los ítems a entregar o realizar que conforman el proyecto. Encabece una de las columnas "según pedido". Inserte otra columna con el título "Podría ser". ¡Haga que cada ítem anotado bajo la columna "Podría ser" sea lo más atrevido y loco posible! (Trabaje en eso con todo su equipo).

6. ¿Cuáles son las premisas "culturales" / "nosotros-lo-hacemos-así" —relativas a los clientes, la gente, la tecnología, etc.— que sirven de base a todos los ítems que conforman el proyecto? **¿PODEMOS CAMBIAR-LAS?** (Hable de este tema con los tipos más raros y exóticos que conozca, dentro o fuera de la organización.)

2.

(O "D.S.A.E.S.": Dedicarse Seriamente a Estupideces Sensacionales... como dijo un amigo mío.) Todo empieza por mantener las antenas permanentemente paradas; por ejemplo: ¿qué le resulta irritante, curioso, emocionante? Abra un "Cuaderno de Observaciones", ya sea en papel o electrónico. Anote en él todas las cosas que se le cruzan que sean: 1) horribles (por más "insignificantes"/ "cotidianas" que fueran, como ser, un diseño incómodo para usar, procesos o instrucciones de procedimiento estúpidas e irritantes); o 2) cosas sensacionales que pasan en la "vida real" (en un restaurante, en un campo de juego, en el consultorio de su dentista) y que ofrecen una lección positiva para su proyecto.

GRAN IDEA: CONVIÉRTASE EN UN "OBSERVADOR FANÁTICO"... DE LO BUENO, LO MUY BUENO, LO *IMPRESIONANTE*, LO FEO Y LO *ESPANTOSO*

PASO N°1 PARA IMPULSAR EL PROYECTO UAUU: ¡TOMA DE CONCIENCIA!

El quid de la cuestión

Winston Churchill dijo que la sed de conocimiento era lo más importante para lograr una educación. El gurú del liderazgo Warren Bennis dice que quiere que se lo recuerde como "curioso hasta el final". David Ogilvy afirma que los principales creativos publicitarios se caracterizan por una curiosidad insaciable hacia todo "cuanto exista bajo el sol".

¡Lo mismo vale para los grandes reformuladores de proyectos!

La buena noticia: **La curiosidad es algo para lo que uno puede entrenarse o que puede (más o menos) aprenderse.** Mi mejor amiga —mi esposa— es uno de los muchos "fanáticos de las anotaciones" que conozco. Por ejemplo, cuando está de viaje buscando nuevos productos para su negocio de amoblamientos para el hogar, es capaz de llenar hasta cuarenta páginas de un cuaderno (copió esa costumbre de su adorado abuelo). En esas páginas se encuentran notas... y bocetos ...y artículos y avisos publicitarios de diarios y revistas, recortados y pegados. De modo similar, mi amigo y gurú empresarial Karl Weick lleva siempre en el bolsillo interno de su saco sport un paquete de tarjetas de 8x12 cm: nunca vi que pasaran más de veinte minutos —¡por reloj!— sin que anotara algún tipo de observación o dato. Otro amigo mío hace sus anotaciones en cajitas de fósforos, servilletas de papel y cosas por el estilo, y las guarda en su bolsillo izquierdo (¡siempre en el izquierdo!). Dice que cada tantos días hace una limpieza de ese bolsillo ...e ingresa sus notas, ya un poco más elaboradas en un documento de su computadora.

Todo esto se reduce a convertirse en estudiante crónico / curioso a perpetuidad / inquietud fanática aplicada. **Es decir, cultivar la convicción de que la**

vida es... UN INMENSO E INTERMINABLE APRENDIZAJE. Algo misterioso se produce con ese aprendizaje en una mente curiosa y totalmente comprometida y, la mayoría de las veces, incluso se produce de modo inconsciente: se generan pequeños chispazos, se establecen interrelaciones, se desencadenan nuevas percepciones y se accede a una comprensión diferente. ¿Resultado? La potenciación geométrica de su capacidad para actualizar /reinventar / UAUUizar el proyecto que tiene entre manos.

SALTIMBANQUIS DE LA CURIOSIDAD

Roger Milliken, presidente de Milliken y Co.: Hace cincuenta años que ocupa su cargo; cuando participa de una reunión, escucha como si fuera un comandante de submarino. Atando cabos. Cinco minutos después, se lo puede ver caminando por la playa de estacionamiento, grabador en mano, dictando sus observaciones y convirtiéndolas, casi de inmediato, en "cosas por hacer".

* * *

El que suscribe: Hago una cantidad impresionante de anotaciones —a veces, hasta 20 páginas— mientras escucho una presentación de dos horas. En la media hora siguiente, religiosamente me retiro por unos minutos (sí, incluso físicamente) y vierto los puntos más importantes de esas notas en tarjetas de fichero de 12 x 18 cm.

* * *

Jennifer Hansen, de Hansen Design: "Para focalizar mi atención al iniciar un proyecto, empiezo a llevar un pequeño diario sobre ese trabajo específico... En él anoto mis ideas para [ese] proyecto, ya sea en pocas palabras o mediante simples esbozos. También pego y abrocho un montón de cosas... recortes y fotocopias de artículos... También uso esos diarios para anotar lo que se habló durante mis conversaciones telefónicas y reuniones con el cliente. Ese registro lo llevo siempre conmigo hasta finalizar: El proyecto; es una herramienta de consulta formidable".

EL PODER DE UN DIARIO

De *Aha!,* por Jordan Ayan:

"Todos los pensadores creativos, desde grandes inventores como Thomas Edison, Benjamin Franklin y Leonardo da Vinci, hasta la novelista Virginia Woolf , el psicólogo Carl Jung y el naturalista Charles Darwin, han usado diarios y cuadernos de apuntes para registrar sus ideas y sus golpes de inspiración. Todos ellos comprendieron que una nueva idea surge, a menudo, de la combinación de distintas y dispares piezas de información, conceptos u otros elementos , durante un período de tiempo más o menos prolongado. La única forma eficaz de rastrear sus ideas a lo largo del tiempo y sintetizarlas es documentándolas en cuanto aparecen en la mente...

"Una de las formas más fáciles y efectivas de registrar sus ideas es llevar un 'diario de ideas'. Teniendo ese diario siempre a mano —sobre su mesa de trabajo, en su maletín o cartera, sobre la mesada de la cocina, sobre la mesa de luz— podrá anotar las ideas que se cruzan por su mente durante todo el día e incluso de noche...

"Sea cual fuere su forma de llevar ese diario, la manera más segura de matar su impulso de usarlo es imponerse una serie de normas y reglas carentes de sentido. Por ejemplo, no sienta que su diario carece de valor si no anota algo todos los días o si no formula sus ideas en frases completas y gramaticalmente correctas. Eso es una tontería...

"Utilice el método que mejor funcione para usted. Uno de los mejores que he conocido lo desarrolló un gerente de Boeing, que quería ir anotando las ideas que le surgían mientras viajaba. Llevaba consigo tarjetas postales, ya franqueadas con su propia dirección, en las cuales anotaba las ideas a medida que le iban surgiendo. Después enviaba esas postales a su casa. También conozco gente que llama a su correo sonoro y se deja mensajes. Un pequeño grabador, en el que pueda registrar una o dos frases, es práctico y económico. No hay límites en cuanto a formas ingeniosas (y creativas) de registrar y documentar sus ideas."

COMENTARIO DE TOM: Esto es fuerte... ¡e importante! Deje este libro. **Ya mismo.** (¡Pero, por favor, después reanude la lectura!) Vaya y cómprese una agenda o un cuaderno —o empiece ya mismo, usando cualquier trozo de papel que tenga a mano— y anote su primera observación. Podría ser uno de los pasos más importantes de toda su carrera. (P.D. ¡Esto no es una exageración!)

C.P.H./Toma de conciencia

1. Compre un simple cuaderno de espiral. HOY MISMO. En la tapa póngale una etiqueta que diga "Sensacional". En la contratapa póngale una etiqueta que diga "Horrible".

COMIENCE CON SUS ANOTACIONES.
HOY MISMO.

2. Recorra el centro de compras o shopping más cercano... **HOY MISMO**... durante una hora. Anote diez cosas "sensacionales" y diez cosas "Horribles" que vaya observando: servicio excelente (y pésimo), señalización, mercadería, comidas, baños, decoración, música, lo que fuera.

3. Registre esas observaciones en su computadora. **Elija cuatro de ellas e intégrelas al proyecto que tenga en marcha en este momento.** .

4. Trabaje en esto con un amigo o colega. Organice un **EQUIPO DE FANÁTICOS DE LA OBSERVACIÓN.** Comparta sus "bancos de datos"... y traslade sus ideas y observaciones a su(s) proyecto(s).

2a.

CONVIÉRTASE EN EL LOCO DEL BENCHMARKING: CONSIDERE CADA-PEQUEÑA-COSA-QUE-LE SUCEDA COMO UNA OPORTUNIDAD DE ORO PARA APRENDER.

Si el sábado sucede algo genial en la ferretería, llame al dueño del negocio el lunes por la mañana e invítelo a almorzar para sonsacarle ideas. ¡Conviértase en coleccionista de Experiencias Geniales! ¡Coleccione

Gente Sensacional! ¡Conviértala en sus Docentes Universitarios Personales!

El quid de la cuestión

Mis mejores amigos (¿será por eso que son mis mejores amigos?) "coleccionan Gente Sensacional". O, en mi jerga preferida...¡monstruos!

Uno de ellos, Allen Pucket, quien supervisó mis primeros pasos en McKinsey & Co., leía por ejemplo un artículo estimulante en alguna anodina revista científica o de negocios. De inmediato llamaba al autor o autora ...y lo/la invitaba a cenar. En muchos casos, ¡aceptaba!. "Un nuevo "docente" para mi Universidad Personal", solía decir Allen en esas oportunidades. Y la próxima vez que se encontraba atascado con algún proyecto espinoso/difícil, llamaba al último de sus docentes y le pedía su opinión.

LA VIDA ESTÁ LLENA DE EXPERIENCIAS SENSACIONALES Y DE GENTE SENSACIONAL QUE HACEN QUE SE PRODUZCAN. Y lo "único" que hace falta para abrevar en esa fuente es un poco de coraje. Con el tiempo aprendí —¡vaya novedad!— que a la gente le encanta ser tomada en serio. Si a usted le *fascinó*, desde todo punto de vista, el restaurante en el que cenó este sábado ...y le pide al dueño que venga a dar una charla sobre servicio al cliente para su equipo contable... le apuesto tres a uno que vendrá ...encantado. De todos modos, si no prueba, nunca lo sabrá. ¿No le parece?

SEGUIMOS COLECCIONANDO COSAS SENSACIONALES

El fundador de Federal Express, Fred Smith, le dijo al que suscribe: "¿Quién es la persona más interesante que conoció en los últimos noventa días? ¿Me permitiría que yo lo llame? ¿Sí? ¿Por qué no me da su número de teléfono?"

¡Muy "astuto", Fred!

Jordan Ayan, *Aha!* (otra vez):

"Llame a uno de sus creativos conocidos. Averigüe en qué está pensando en este momento. Deje que el compartir ese pensamiento lo inspire. De ser posible, concrete un encuentro con esa persona...

"Piense en la persona con quien más le gustaría hablar, pero a la que no se atrevió a abordar. ¿Cómo podría conectarse con esa persona? ¿Cuáles son sus temores, o por qué duda en llamarla?"

¡Esto es una grandiosa ... y muy seria ... sabiduría! El planeta está lleno de mentes fabulosas, dispuestas a ofrecernos sus ideas. Comience —hoy mismo— a edificar su Universidad Personal. ¿Se anima?

C.P.H./¡Coleccionista Consciente de Cosas Sensacionales!

1. *Anote* por lo menos *tres experiencias altamente positivas* ... en las próximas *dos semanas.*

P-O-R F-A-V-O-R.

2. Llame a la persona responsable de *una* de esas experiencias positivas. Pregúntele si la puede invitar a almorzar... y sonsacarle algunas ideas.

3. Considere la posibilidad de ... iniciar un grupo de discusión (¿"La Empresa Sensacional"?) que reúna a esos brillantes conocidos suyos una vez por mes, para intercambiar magníficas (y tétricas) experiencias.

4. Consiga que *tres* de sus amigos se le unan en su programa de Colección de Personas Sensacionales.

5. Llame a alguien de su agenda de "Gente Sensacional" ... HOY MISMO... y obtenga de esa persona una evaluación del proyecto que tenga entre manos. Y/o convídelo a juntarse con su grupo durante una o dos horas, en algún momento de la semana.

3.

¡MEJORE SU VOCABULARIO!
APRENDA A QUERER EL "UAUU"
¡USE "LA PALABRA" UAUU!

Evalúe hasta la última de sus experiencias —llenar la solicitud para la colonia de vacaciones de su hijo— como un **E**jercicio de **C**oncienciación: por ejemplo, ¿es un "UAUU" ese *formulario*? (¡No es chiste, *maldición...*!)

El quid de la cuestión

No, no es un chiste ...es *realmente* muy importante. Importante en serio... es-el-sentido-de-todo-este-ejercicio. Es decir:

¿SE PUEDE "APRENDER" A UTILIZAR
(EN FORMA RUTINARIA) ... Y A **VIVIR** ... LA
PALABRA **UAUU**?

La idea es: Proyectos UAUU memorables y de los que se sienta orgulloso. Afirmo que usted no llegará a eso —y punto— a menos que pueda aceptar "la palabra"... y el concepto... y la *necesidad* del... UAUU. (O: memorable... sensacional ... increíble ... motivo de jactancia ... **demencialmente grandioso** ... Esto último es de Steve Jobs, de Apple.)

Pero el asunto es incluso más importante que eso. ¿Es usted capaz de sintonizar el Canal UAUU ... todos los días? ¿Puede desarrollar su propio UAUUómetro? ¿Hasta en las cosas más rutinarias? Completar un formulario o comprar algo en la Web, ¿es un procedimiento aburrido y pesado ... o está bien ... o es **UAUU**? (¿Por qué? ¿Por qué no?) Intente imaginar una forma "UAUU" de hacer las cosas... cualquier cosa.

Recientemente asistí a una gran muestra comercial en Carolina del Norte. La exposición en sí estaba muy bien armada. Pero el tema del estacionamiento era un espanto (lo cual echó una gran sombra de negatividad sobre todo el evento). Me desperté una mañana ... a las tres de la madrugada (sí, así soy de obsesivo)... y me pregunté: "¿Cómo se logra un UAUU" en el tema del estacionamiento en un evento que, por todo lo demás, era excelente?

EN SÍNTESIS, ME ENTRENÉ CONSCIENTEMENTE PARA PENSAR **UAUU**.

Todo el tiempo estoy preguntándome cómo todas-y-cada-una-de-las experiencias pueden ser transformadas en una experiencia memorable/UAUU. Y, sinceramente, creo que el uso de la palabra —es decir, UAUU—; resulta esencial.

LA "PALABRA DE LA 'U' MAYÚSCULA"

Hace poco di una charla para los directivos máximos de una empresa de administración de propiedades. Mi tema: Proyectos UAUU. Uno de los participantes contó que durante la posterior discusión de un programa que se había propuesto, en un momento dado alguien saltó, preguntando: "¿Pero es esto lo bastante UAUU?"

¡ S-í !

Y… un participante de un seminario que trabajaba en el negocio de los medios informó (mayo de 1999): "Cuando estábamos cerrando un negocio importante con uno de los principales bancos de Charlotte (Carolina del Norte), el cliente me preguntó qué tipo de valor agregado podrían obtener por una adjudicación de tal magnitud. En lugar de decirle qué podría hacer, le respondí: '¿Qué cosa lo haría exclamar UAUU a usted?'. No sólo nos dieron el negocio, sino que ellos consiguieron lo que realmente querían. A partir de ese momento utilicé esa frase en reiteradas oportunidades y todas las veces los clientes quedaron encantados".

Nuevamente: **¡ S-í !**

UAUU Y NO-UAUU

Una encuesta global realizada en 1998 por la revista *Fortune* entre las corporaciones "más admiradas", diferenció entre los líderes de categoría… y aquellos que no lo eran. La publicación declaró que, entre los perdedores "las principales prioridades eran minimizar los riesgos, respetar la cadena de mando, apoyar al jefe y cumplir con el presupuesto".

Asimismo, hace no mucho tiempo me topé con un libro titulado *La oficina de proyectos*. En él se describía el Nirvana como un proyecto que "cumplía los plazos, se atenía al presupuesto estipulado y respetaba estrictamente las especificaciones". Estos conceptos contrastaban —en forma alevosa— con otro libro que, casualmente, estaba leyendo en ese momento: el muy sobrio *Creating Modern Capitalism* [La creación del capitalismo moderno]. El autor, Thomas McCraw, economista de la Universidad de Harvard, decía, a modo de síntesis: "El capitalismo debe ser entendido como una expresión de la creatividad humana...impelida por sueños y aspiraciones".

ATRIBUTOS DE QUIENES "INGRESARON" EN EL LIBRO DE HISTORIA DE 10° GRADO

Los libros de historia no son perfectos. Ni se encuentran libres de controversia. Sin embargo, representan una especie de "consenso societario" en cuanto a qué/quién es importante. De modo que ...¿quién ingresa en el Gran Hall de la Fama? ¿En el libro de historia que su hija utiliza en décimo grado? Roosevelt. King. Kennedy(s). Galileo. Einstein. Etcétera. ¿Y qué características en común —aspecto más, aspecto menos— comparten?

Fíjese en las siguientes:

* Comprometidos

* Decididos a provocar un cambio.

* Focalizados en su objetivo

* ¡Apasionados!

* Buscadores de riesgos.

* Irracionalmente convencidos de la validez de su proyecto de vida.

* Adelantado a su tiempo. *¡Rompedores de paradigmas!*

* Impacientes. (Pero, paradójicamente, dispuestos a mantenerse firmes en su rumbo.)

* ¡Obsesionados por la acción! (Mantra: Listos. *¡Fuego!* Apunten.)

* ¡Hicieron enojar a *m-o-n-t-o-n-e-s* de gente!

* Creativos. / Inquietos./ Peculiares.

* Rebeldes. (Tanto los científicos y artistas como los personajes socio-políticos.)

* *Chocaron contra el* establishment./Salteaban la cadena de mando.

* *Irreverentes. /Irrespetuosos.*

* Maestros de la improvisación. / Prosperan en el caos. / *¡E-x-p-l-o-t-a-n el caos!*

* Pedir perdón > Pedir permiso.

* ¡Honestos hasta la médula!

* Imperfectos (Grandes virtudes, grandes defectos.)

* "Sintonizados" con las necesidades y las aspiraciones de sus seguidores.

* ¡Absurdamente capaces en lo que hacen!

Sumamos todo esto, y tendremos mi definición del ...¡UAUU! Y de los UAUUeros. Y, ¡ay!, un cuadro cabal de lo que falta —o, peor aún, lo que se condena— en la mayoría de las organizaciones / departamentos. ¿O no?

Así que: piénselo. Si todo esto es lo bastante bueno para estar en ese máximo Hall de la Fama que es el texto de historia, ¿por qué no es lo bastante bueno para el departamento de Finanzas?

¡NO ESTAMOS EN EL NEGOCIO DEL CAMBIO!

¡No estamos en el negocio del cambio! Suena medio loco, ¿verdad? Pero es así.

Una colega me enfrentó comparándome con su ex marido: "Decirle a la gente que debe 'actuar UAUU' es como decirle a una persona que está deprimida que 'supere su problema y levante el ánimo'". Entendí lo que me quería decir. Pero ella no me entendió a mí.

No es que yo apunte a "UAUUizar" a nadie. La cosa es más bien así: a pesar de que no todos somos Emma Thompson, estoy firmemente convencido de que casi todo el mundo tiene una buena cantidad de UAUU en su interior.

Es parte integral de la idiosincracia humana. O sea que... el espíritu, la chispa, la pasión, la creatividad ... son cosas naturales. Un niño piensa que es capaz de hacer cualquier cosa. Su imaginación no tiene frenos. Lamentablemente, el ir creciendo, ir a la escuela y aprender (?), a menudo nos enseñan todo lo que *no podemos* hacer (¡los cursos de Administración de Empresa se destacan muy especialmente en ese Departamento de Dudosa Distinción!) y pone paños fríos en nuestro innato espíritu creativo. Lo que quiero hacer es nada más (*y* nada menos) que darle a usted —y a sus colaboradores— permiso para que se conecte con su UAUUidad innata, para que piense UAUU, *pruebe* UAUU. . . y, cuando se presente la ocasión, *haga* UAUU.

En síntesis:
* ¡Nunca lo sabrá si no lo intenta!
* *Nunca* llegará al UAUU si no está dispuesto, por lo menos, a aspirar a él.

Sufro...

Sufro cuando, durante una comida con el directivo máximo de la sede europea de una gran empresa de servicios profesionales, oigo, una y otra vez . . . por qué él y su compañía no pueden "largarse a hacer eso". Las racionalizaciones les brotan a borbotones. Que el "contralor" del consorcio esto. Que el cliente *aquello*. . . (P.D. ¡¿Y eso pretende ser una agencia publicitaria?!)

Estoy triste. **Muy triste.** *Y, además*, he perdido la paciencia. Si usted no se "larga a hacer eso" ahora . . .¿cuándo? ¿"La próxima vez"?

He trabajado en empresas gigantescas. Comprendo perfectamente los riesgos de pisarles los callos a los poderosos máximos. Pero . . . sin embargo . . . ¡se trata de *su* vida! Y (dentro de quince años) usted sólo recordará los UAUUs. . . o intentos de UAUUs. Es terrible llegar a los sesenta años y mirar, en retrospectiva, una vida de "buen trabajo". "Profesional". . . sí. ¿"Memorable"? . . .Jamás.

¡Por Dios!

* * *

Yo, por mi parte, no quiero que mi lápida ostente un epitafio como éste:

THOMAS J. PETERS
1942–?

"PUDE HABER HECHO
ALGUNAS COSAS
REALMENTE SENSACIONALES,
PERO MI JEFE NO
ME DEJÓ."

C.P.H./La palabra de la "U" (UAUU)

1. Trate de recordar su última compra al por menor... tintorería, restaurante, zapatería o artefactos eléctricos. ¿Fue un ... UAUU? ¿Cómo *pudo* haber sido? ¿Qué pasa cuando usted piensa en esas experiencias en términos de "UAUU" y "no-UAUU"? (Sugerencia: *La* clave es un lenguaje *extremo/preciso*: "UAUU" ... o "puaj"... o "una mierda".)

2. Durante las próximas 48 horas evalúe conscientemente *cada una* de sus vivencias de compra al por menor, según una escala del 1 al 10, de Horrible-a-UAUU. ¿Alcanzó alguna de esas vivencias un indiscutible "UAUU" / 10? En caso afirmativo: ¿*Por qué?* O: ¿*De qué* *manera?* **(Sea preciso. Cite diez razones.)** En caso negativo, ¿por qué no? (También aquí sea preciso. Cite diez razones.) Y si alguna de esas vivencias alcanzó un 8 en esa escala UAUU ... ¿qué habría podido convertirla en una vivencia perfecta, es decir, UAUU/10?

3. Logre que dos o tres amigos se le unan en la Cruzada por la Palabra UAUU; por ejemplo, evaluando experiencias comunes en una escala de Horrible a UAUU.

4. Reúna a tres colegas. Dediquen una hora —o dos— a hablar sobre el significado de la palabra UAUU. (Y por qué no usamos La Palabra en el mundo de los negocios.)

5. En su próxima reunión, pregunte por lo menos una vez: "¿ES ESTO REALMENTE UAUU?".

¡RINCÓN DEL AMÉN!

Preferiría tener poca gente apasionada por [mis películas] que una multitud que las aceptara con tibieza.

—Terry Gilliam, director

4.

LOS PEQUEÑOS PROYECTOS NO EXISTEN: ¡EN CADA "PEQUEÑO" FORMULARIO O PROCEDIMIENTO, EN CADA "PEQUEÑO" PROBLEMA, POR LO GENERAL ACECHA UN G-R-A-N PROYECTO!

No piense que esa "fastidiosa bagatela" es algo pequeño. Piense, en cambio, que es la punta de un témpano capaz de destruir al *Titanic*.

HÁGASE A LA COSTUMBRE DE NO PASAR POR ALTO NINGUNA PIOJOSA INSIGNIFICANCIA.

¡Dios —Y UN PROYECTO UAUU— está en los detalles!

El quid de la cuestión

¡Destierre la palabra "pequeño" de su vocabulario! Los problemas "pequeños" no existen. Sólo son "pequeñas" puntas . . . de un g-r-a-n ovillo.

¿Con eso trato de decirle que no existen pequeñas colinas sino sólo altas montañas? En cierta (gran) medida . . . sí.

A primera vista, la tarea parece trivial. Pulir algunos aspectos de la política de "horario flexible". Bien . . . puede hacer eso . . . "pulir algunos aspectos". O bien. . . puede investigar a fondo los temas relacionados con el horario flexible en empresas interesantes de su industria /ciudad. Y puede considerar el tema/la política del horario flexible sólo como una pequeña punta del gran ovillo de "nuestro enfoque básico para motivar y hacer sentir cómoda a la gente." Es decir, que esa "pequeña" reformulación de una política *puede* convertirse —con imaginación y perseverancia— en el principio de una gigantesca bola de nieve capaz de modificar la cultura empresarial y convertir a su empresa en un "fantástico lugar donde trabajar".

Sí, ya sé; suena un poco grandilocuente. Pero... ¿por qué no? La verdad es que la mayoría de los productos excepcionales —desde Disneylandia hasta los papelitos autoadhesivos, y desde Baby Joggers hasta Quicken y Gap Kids —fueron creados para satisfacer pequeñas inquietudes personales. (Se dice que Walt Disney quería un lugar adonde llevar a sus nietos. El inventor de los papelitos autoadhesivos, Art Fry, estaba harto de que los pequeños señaladores que ponía en su libro de himnos religiosos para marcar los cánticos del día se le cayeran al suelo. Etc.)

La idea más general: ¡Cuestión de mentalidad! **Es decir, siempre trate de lanzar una red más amplia/más original/ más profunda.** Es algo que —**invariablemente**— es posible. Se trata de construir desde adentro hacia afuera ... desde el pequeño escozor/problema/proyecto ... hasta el panorama general/ la solución / el UAUU (por ejemplo, Walt y su Reino). Ese pequeño problema / proyecto no existe en el vacío; ¡es la llave que le permite acceder al Mundo Salvaje del UAUU! (Y: hacerlo, por más "junior" que sea y menos poder que tenga.)

PROYECTO ADN

EL "CAMBIO CULTURAL" —ESE OBJETIVO TAN GRANDE COMO DIFÍCIL DE ALCANZAR— COMIENZA, A MENUDO, CON UN ÚNICO Y PEQUEÑO PROYECTO UAUU.

¿Por qué? ¿Cómo?

Muy simple. **¡Cada "pequeño" proyecto contiene toda la cadena de ADN organizativo!** El "pequeño" esfuerzo de revisar la política de licencia por enfermedad de la empresa revela —si usted está adecuadamente sintonizado —el código genético/cultural de la empresa en lo que se refiere a los colaboradores, la confianza, la importancia que se da a la gente, el liderazgo, es decir, básicamente, toda la filosofía de RR.HH. Basta con reordenar esa única "cadena genética", y el efecto dominó bien puede alterar toda la configuración genética de la organización...si usted es un atento UAUUeador.

Mensaje: **para poner en marcha un G-R-A-N tema (como un cambio cultural) no se requiere un gran proyecto.**

De hecho, un gran proyecto entraña una serie de peligros. Puede llevar rápidamente al punto de ebullición el muchas veces controvertido "debate cultural". Un proyecto pequeño, por el contrario, permite entrar paulatinamente en el G-R-A-N cambio sin activar alarma alguna y sin que se encienda toda una serie de luces indicadoras de peligro. Al construir un modelo en miniatura, confeccionado con las cadenas de material genético imbuido de UAUU...también llamado "pequeño proyecto"...usted puede *demostrar* a su organización, dando un paso "pequeño" pero audaz y creativo por vez, que las cosas se pueden hacer mejor. (Sugerencia: Es por eso, precisamente, que tantos programas de cambio a gran escala, cuando son exitosos, comienzan con un pequeño e inocente proyecto.)

Para subir un poco más la apuesta en la organización, veamos la agenda de un jefe de unidad. Supongamos que tiene veintitrés personas a su cargo ...abocadas a siete proyectos. Idea clave: tratar los siete proyectos como un portafolio integrado. Convertir cada uno en "pequeños" Proyectos UAUU que, sin embargo, son portadores de cambios a gran escala o, incluso, de toda una revolución. Cada uno de los siete proyectos se convierte, de hecho, en un prototipo para la importante iniciativa de cambio. Como de costumbre (atención: éste es el nudo de la cuestión) estamos usando el proyecto —específicamente el **Pequeño Proyecto UAUU**— como el grano que alimenta el molino del g-r-a-n cambio. Los pequeños-Proyectos-UAUU (en conjunto) ofrecen:

* Tests de baja visibilidad en rincones ocultos.
* Oportunidades para la elaboración rápida de prototipos.
* Posibilidad de experimentar estrategias múltiples con un presupuesto relativamente bajo.

C.P.H. / ¡Los "pequeños" proyectos no existen!

1. Analice las pequeñas tareas del día. (¡TODAS LAS "PEQUEÑAS" TAREAS!) ¿Cuáles son los *supuestos tácitos* detrás de un formulario, de una política o de lo que fuere? Confeccione una tabla con dos columnas: "Lo que *es*" y "Lo que está *implícito*". No descanse hasta no dilucidar este tema por completo: siempre hay una cantidad de supuestos culturales-políticos-estratégicos implícitos, incluso en la más "trivial" de las actividades.

2. Diríjase siempre directamente al "usuario". (Y también al usuario del usuario. Etc.) *¿Quién* utiliza este formulario/procedimiento? *¿Cómo? ¿Cuándo? ¿Por qué? ¿Qué* fastidia al usuario? *¿Qué* mejoras se podrían introducir? *¿Cuál* es el panorama (la actitud) general del cual esto constituye sólo una pequeña parte? Convoque a una cantidad de usuarios para ayudarle con esto. (¡Serán sus amigos de por vida!)

3. Explore la Web. Esto puede hacerse prácticamente con cualquier tema. Busque todo lo que esté relacionado/concatenado con su "pequeño" problema. El objetivo: lanzar una red más amplia/original.

4. Prepare dos tarjetas de 12 x 18 cm: "La tarea" (lo que es) y "El Sueño" (lo que podría ser). En un trabajo conjunto con los usuarios y otros colegas audaces y creativos, rediseñe la tarjeta titulada "El Sueño" hasta que aparezca algo Sensacional/UAUU/Profundo ... para usted ... y para ellos.

5. CONVIERTA ESTE ENFOQUE (¡LAS COSAS "PEQUEÑAS" NO EXISTEN!) ¡EN LA ESENCIA —SU PROYECTO UAUU— DE SU VIDA LABORAL!

4a.

Cualquier actividad —en el sentido textual de la palabra— puede ser convertida en un "UAUU".

Y SI PIENSA QUE ESTOY EXAGERANDO ... ¡HA SINTONIZADO EL CANAL EQUIVOCADO!

El quid de la cuestión
¡El ganador –fuera de broma– adora los trabajos de mala suerte!

¿Por qué? Porque ese tipo de tareas le dan mucho —¡muchísimo!— margen de libertad. ¡A nadie le importan! ¡Nadie les presta atención! ¡Usted está librado a sus propios recursos! ¡Es el Rey! Puede ensuciarse las manos ... cometer errores ... correr riesgos ... ¡Hacer milagros!

Un amigo de McKinsey & Co., Bill Matassoni, convirtió una vulgar tarea de "limpieza" de la biblioteca, que nadie quería hacer, en la delgada cuña que luego condujo a una revisión general del enfoque de la empresa en materia de recopilación y difusión del conocimiento. Esa tarea "monótona y deprimente" terminó creando un nuevo y genuino "núcleo competitivo" en la gigantesca empresa. Los secretos de Matassoni: 1) un rechazo congénito a dejarse abrumar por una tarea de mierda; 2) una insaciable sed de aprender cosas nuevas que le permitió convertir un trabajo de porquería en una acción positiva que imprimió un importante impulso a su carrera.

Suele haber una fuerza negativa más generalizada que actúa contra esta premisa: la queja más frecuente del "desmotivado" es que no se le da "espacio" para hacer algo sensacional, creativo y audaz. A lo cual yo, invariablemente, respondo: **¡Pavadas!**

(En realidad, el término que uso es mucho más fuerte.) El espacio *existe*. Lo que pasa es que la mayoría de la gente no lo aprovecha. Aquí va una tarea para todos esos quejosos: Busquen algo "pequeño" (con grandes consecuencias) en su trabajo, que les resulte molesto o fastidioso a ustedes ... y a otros ... y piense cómo puede cambiarlo. Después ponga manos a la obra ... arréglelo ... por iniciativa propia e invirtiendo su propio tiempo. Recuerde: si se encuentra con una pila de bosta, en algún lado debe haber un caballo.

Bottom line: ¡Disfrute de la "pequeña" maldita tarea que nadie quiere hacer! **(¡BÚSQUELA!)** Es una licencia para la automotivación, ya sea que se trate de rediseñar un formulario o planificar un encuentro con clientes durante el fin de semana. Con entusiasmo e inspiración ... ¡usted puede convertir esa tarea en algo fantástico, impactante ... y ¡UAUU! ... ¡siempre! (¡S-I-E-M-P-R-E!) (Reitero: SIEMPRE.) (Ahora repítalo u-s-t-e-d: ¡SIEMPRE!)

LA IMPORTANCIA DE NO TENER PODER

No hace mucho, durante un seminario, estábamos hablando acerca de los Proyectos UAUU y la gente que trabaja en primera línea. Un sagaz participante aportó la siguiente idea: **"Uno nunca es tan poderoso como cuando no tiene poder".**

Me encantó.

La persona que "no tiene poder" no se encuentra bajo la lupa con la que siempre se mira la tarea del jefe de departamento. La persona que "no tiene poder" puede hacerse cargo de la (pequeña) tarea —esa que nadie tiene demasiadas ganas de hacer— y darle vueltas y más vueltas hasta convertirla en algo trascendente . . . referido a la empresa . . . a su trabajo . . . a ella misma . . . y, por supuesto . . . al UAUU. La persona que "no tiene poder", a través de la pasión por una idea puede reclutar a otros que, como ella, "no tienen poder" . . . y terminar montando algo así como una Cruzada Infantil.

El apogeo de mi carrera en relación de dependencia lo alcancé a través del proyecto en McKinsey & Co. que condujo a mi libro *En busca de la Excelencia*. Resulta claro —por supuesto, ahora, en retrospectiva— que fue el subproducto de "no tener poder". ¡Lamentablemente, nunca volveré a ser tan ingenuo —y, por lo tanto, tan *poderoso*— como en aquel entonces!

En cierta forma, este tema es el motivo principal por el cual escribí este libro. Los asistentes a mis seminarios me acosaban. "Su mensaje es genial... —decían—, si yo fuera un VIP. Pero no soy más que un pequeño engranaje en la gran rueda. ¡¿Qué puedo hacer?!" Mi respuesta: Creo fervientemente que el Proyecto UAUU está al alcance de t-o-d-o-s nosotros.

Al alcance de todos y, de acuerdo con lo que afirmamos en este Listado 50, se encuentra en el más diminuto de los proyectos... si tenemos la cabeza bien atornillada ... es decir... si sabemos aprovechar la oportunidad.

C.P.H./¡El inefable placer de las tareas de mala muerte!

1. ¡Ofrézcase como voluntario para hacer las tareas-basura! **¡Hoy mismo!** ¡Ahora! **¡Y con alegría!** ¿Está bloqueado con un proyecto que tiene entre manos? En la próxima reunión del comité ofrézcase como voluntario para la tarea más estúpida que figure en la lista de proyectos/tareas-basura de su jefe.

2. Mejor todavía: Se presenta una tarea de perros que insumirá unos cuatro meses: hay que ir al fin del mundo para participar en la implementación de un nuevo sistema plagado de fallas. El lugar es un asco. La tarea, una mierda. ¡NADIE LA QUIERE TOCAR NI CON PINZAS!

¡Fantástico! **(Pero no lo diga en voz alta.)**
Ésa es exactamente la oportunidad que estuvo aguardando: trabajar en forma autónoma... y destacarse convirtiendo esa implementación de mierda en un nuevo enfoque "estratégico" para depurar/desenrollar sistemas ... en toda la división.

3. Y téngalo presente: **Siempre** ofrézcase para ser 1) el que toma notas, 2) el creador/administrador de la lista de "cosas por hacer", 3) el que organiza las reuniones. Nadie quiere hacer esas tareas... pero son las que pueden llegar a convertirlo, al instante en el administrador de facto del proyecto ... además de ser la Puerta de Entrada al UAUU.

* * *

MANTRA(S): ¡EN LAS TAREAS DE MALA MUERTE ESTÁ EL UAUU!
O.P.L.T.B.: Ofrézcase Para Las Tareas-Basura.
(O como usted las denomine.)

¡Los no-UAUU no existen!

—Pero sin duda —reflexionó un participante de un seminario en Londres— no *todos* los proyectos pueden convertirse en un ¡UAUU! Habrá algunos que nunca dejan de ser rutina... ¿o no?
Reflexioné un rato antes de contestar. Pero creo que mi respuesta fue la acertada: —¡Tonterías! Cualquier cosa o proyecto puede ser UAUUizado.

Y estoy convencido de ello. Descaradamente, pensándolo bien.

¿Que algunos proyectos son "más pequeños" que otros? **¡Por supuesto!** ¿Y qué hay con eso? Recuerde cuando tenía cuatro años, aquella semana en la playa. El día en que terminó rojo como un camarón bajo el sol de verano porque estaba tan concentrado en construir el mejor castillo de arena del mundo ... es decir, en hacer un ... **¡UAUU!**

La tarea que se asigna a los estudiantes secundarios que se contratan en forma temporaria durante el verano es limpiar y ordenar el depósito. ¿Realizan una tarea "bien hecha"? ¡Perfecto! ¿Dejan el lugar "impecable"? ¡Fabuloso! Pero después aparece un chico —apuesto a que se trata de un futuro empresario— y piensa que no tiene sentido tener apilados ahí tantos pallets que ya no se usan más. ¿Y si se desarman y se venden? ¿Y si la gente del depósito se los ofrece a contratistas u otros interesados en uno o dos pallets?

En poco tiempo, nuestro pichón de Billy Gates ha convertido las toneladas de basura que se originan en un depósito en un microemprendimiento que, a partir de entonces, el espacio estará más libre y ordenado.

Usted ha visto ejemplos como éste. Yo he visto ejemplos como éste. El chico de 18 años ...o el tipo de 46 ...o el viejo de 88 ...que no pueden dejar de convertir un proyecto, por pequeño que sea, en una cruzada.

¿Imposible de UAUUizar? ¡No lo creo! Su tarea como jefe: Dar el ejemplo. Alentar al innovador ... en todo lugar... en todo momento.

Mensaje:

**¡Elimine definitivamente
la ausencia del UAUU!
¡La falta de UAUU es un estado mental!**

5.

El proyecto/la tarea, de dos semanas de duración, de revisar el procedimiento de facturación o de instalar un programa de seguimiento de las cuentas clave:

¿ES, HONESTAMENTE Y SIN VUELTAS, UN UAUU?

Dentro de un año ¿podrá ufanarse de ese proyecto o escribir un pequeño artículo acerca de él para la revista especializada regional . . . o al menos hacer una pequeña nota acerca del tema para el Boletín Informativo de su división?

Test:
Redacte un resumen (o un comunicado de prensa ficticio) sobre su proyecto —ya mismo— y piense que se publicará en el Informativo de la empresa o en la revista especializada:

¿HAY ALGO "¡UAUU!" QUE DECIR
ACERCA DEL PROYECTO?
¿Cómo sabe que es un "UAUU"?

En primer lugar, formúlese la pregunta básica: ¿ES ESTO UN UAUU. . . para *mí?* A continuación, formule la misma pregunta a sus compañeros de equipo y a su cliente:

¿LLEGARÁN A SER MEMORABLES/ MOTIVO DE ORGULLO/ "¡UAUU!" LOS RESULTADOS DE ESTE PROYECTO?

El quid de la cuestión

Hemos vivido "la década del '90: lo pequeño y lo breve". Pronto entraremos en el siglo XXI, que corre a la velocidad de la luz. ¡La rapidez es vida! El sine qua non del éxito empresarial. Corra...porque le puede costar la vida (profesional)...*másrápido, másrápido, másrápido.* Etc. Hemos oído todo esto miles de veces.

Entonces...¿cómo se explica el fenómeno de Gillette? Reinventaron la forma en que se afeita el hombre, en la primavera de 1998. ¿Cuál fue el UAUU? La MACH3 de Gillette. Tiempo de desarrollo: siete *a-ñ-o-s.* (Sí...para una "simple" afeitadora.)

No, no estoy sugiriendo que estire siete años el proyecto que actualmente tiene entre manos. Lo que *sí* le sugiero, es que el UAUU es un asunto grande...serio ...profundo. Y a veces eso de grande-serio-profundo lleva t-i-e-m-p-o. No siempre es forzoso el UAUU, porque tomar por el atajo y chapucear es algo totalmente incompatible con una tarea UAUU.

Quiero que usted recuerde —con orgullo y cariño— el proyecto que está desarrollando en este momento. Dentro de c-i-n-c-o años. Quizá d-i-e-z. Lo cual significa que deberá ser especial. Fuera de broma. Lo cual significa, a su vez, que será reformulado/rehecho/revisado media docena de veces...y que terminará por insumirle cuatro meses en lugar de cuatro semanas. (Y todos los poderosos de su entorno estarán furiosos —con *usted*— por la demora.) Mala suerte. No se puede apurar el a-m-o-r y no se puede apurar el UAUU (lo cual *no* significa —y lo subrayo— que uno y otro no se puedan facilitar/urgir/ayudar en su desarrollo).

* * *

La novela de Tom Wolfe *A Man in Full* [Todo un Hombre] fue tema de conversación en muchas ciudades. Primera edición: un millón de ejemplares. Wolf decidió en un primer momento que la Gran Novela se desarrollara en Nueva York. Trabajó *años* en ella. Decidió que se parecía demasiado a *La hoguera de las vanidades.* Eliminó toda la ambientación local. Trasladó la acción a Atlanta. Empezó de nuevo. Y logró el ...¡UAUU! A-ñ-o-s después/más tarde.

C.P.H./¡Desacelere!

1. Todos los viernes (o los sábados por la mañana) revise la página/tarjeta de 12x18 cm con la descripción de su proyecto UAUU: ¿Sigue fiel a su sueño inicial? Haga ese chequeo del UAUU religiosamente todas las semanas. Tómelo como una renovación de votos.

2. Una vez por mes (para proyectos largos) haga una revisión de su proyecto con el más chiflado e imaginativo de sus amigos: ¿Aprueba (sigue aprobando) su Test UAUU? Y/o: reúnase con sus compañeros de equipo... fuera de su lugar de trabajo... durante unas horas... y consideren la posibilidad de modificar seriamente/totalmente el proyecto en base a lo que está aprendiendo. (Piense en Tom Wolfe.)

3. Prepare concienzudamente un informe mensual acerca de la evolución de proyecto, para publicarlo en el Boletín informativo del sector ... básicamente para ver qué cosas novedosas puede decir acerca de su proyecto que merezcan un ¡UAUU!

4. Envíe todos los viernes por la tarde un **UAUU-Mail** (e-mail) en el cual se detallen sucesos UAUU que se hayan producido en la semana en relación con el proyecto. Si no hay nada ¡UAUU! que informar... empiece a preocuparse ... ¡muy seriamente!

6.

Es elemental:

Si usted no ama a su proyecto, ¿cómo puede esperar que otros lo hagan?

La pasión (la suya) engendra pasión (la de los demás). Punto

> SIGA REPENSANDO/
> REDEFINIENDO/
> REFORMULANDO
> EL PROYECTO HASTA ...
> ENAMORARSE.

El quid de la cuestión

La dedicación es más importante que la importancia. Ésta no es una sugerencia frívola. **Existen pruebas contundentes de que la "importancia" de un proyecto es (mucho) menos crucial para determinar su éxito que el nivel de compromiso de quien(es) lo concreta(n).**

Nunca se deje involucrar en un proyecto del cual no piense que puede llegar a enamorarse; probablemente no se desempeñará bien. Pero, por otro lado, he descubierto que prácticamente todo proyecto puede ser convertido en un Objeto de Deseo. Por ejemplo, en lugar de encarar el proyecto en su totalidad, desglose una parte del mismo, la que realmente perciba como un desafío/que lo entusiasme y excite. Convierta esa parte del proyecto en su inmediato Proyecto-UAUU-dentro-del-proyecto: si esa parte funciona, pase a otra que le resulte igualmente fascinante. Una vez más, la cuestión es reformular el proyecto hasta que eche chispas.

(Aquí hay también un mensaje muy fuerte para los jefes: si le encajan por la fuerza un proyecto "importante" a alguien, corren el riesgo de que el tiro les salga por la culata. Hágalo y verá que

EL TIRO SALE POR LA CULATA

Busque, en cambio, un líder para el equipo del proyecto que esté genuinamente entusiasmado con ese desafío... aun cuando no sea la persona que usted considera "ideal". O bien redefina el proyecto hasta que le resulte fascinante al líder que usted quiere poner a su frente.)

C.P.H./¡Ámelo! /(U: Olvídelo)

1. Analice en forma detallada el posible proyecto. Desglóselo en diversos subproyectos. Entre éstos, busque uno o dos que le resulten increíblemente interesantes/provocativos/sensuales. Conviértalos en sus primeros proyectos-dentro-de-un-proyecto. (Trate cada subproyecto como si fuese un g-r-a-n Proyecto UAUU por derecho propio.) Tomando como base los resultados de estos primeros subproyectos (Mini-UAUUs), reenfoque y reformule el proyecto global a fin de que ofrezca los mismos atractivos.

2. Trabaje con sus (futuros) compañeros de equipo en la definición del proyecto. **No descansen hasta tanto no hayan redefinido la tarea/las estructuras a proveer, de modo tal que presenten de inmediato un desafío atractivo y emocionante —¡UAUU!— para *cada uno* de los integrantes del equipo.**

3. No se asuste del término "amar". Analice si, en efecto, usted a-m-a su proyecto. Mídalo en una Escala de Amor: 1 = Desmotivación Total; 10 = Pasión Ardiente. NO INICIE EL PROYECTO HASTA TANTO USTED —Y *CADA UNO* DE SUS COMPAÑEROS DE EQUIPO— NO ALCANCEN UN PUNTAJE DE *POR LO MENOS* 7 U 8.

7.

Usted —y todos nosotros— "reconocemos algo hermoso a primera vista". Entonces... ¿por qué no... belleza en el sistema de facturación? (O cualquiera sea el tema del proyecto.) Hay algo de lo que no cabe la menor duda: ¡Nunca lo sabrá hasta que no lo averigüe!

El quid de la cuestión

Mi objetivo (inamovible): que usted reinvente su forma de pensar respecto de un proyecto. Que agregue p-a-s-i-ó-n. Que aprenda a decir/practicar UAUU... amor... etc.

Y...

B-E-L-L-E-Z-A.

¿Por qué **(¡demonios!)** no utilizamos palabras/ideas como "belleza" en relación con el trabajo cotidiano que dedicamos al proyecto? ¿Por qué el concepto de belleza "no es algo sensacional" entre las 9 de la mañana y las 5 de la tarde? Sabemos qué es la belleza, ¿correcto? Entonces: apliquémosla a la formulación del proyecto, a la ejecución del proyecto, a los resultados del proyecto. (¡Ufa, caramba!)

Piense en las siguientes palabras del científico David Gelernter publicadas en *Machine Beauty:*

> *El sentido de la belleza es un diapasón en el cerebro que suena cuando, de pronto, nos topamos con algo hermoso...*
>
> *Que el arte haya seducido a tantos científicos de primer nivel no es casualidad ... Ninguno de ellos oculta o disimula que la belleza desempeña un rol central en su trabajo, y sin embargo actuamos como si no les creyéramos. Hablan de la belleza y nosotros respondemos como si nos estuvieran tomando el pelo o tratando de conformarnos.*
>
> *Cuando los métodos matemáticos fallan [en la programación de la computadora], la reacción invariable es: "¡Necesitamos más y mejores métodos matemáticos!"... Mientras que lo que deberíamos escuchar es: "Al diablo con las matemáticas, enseñemos a nuestros programadores a que perciban la belleza".*

¿Está preparado para hacerlo?

(Yo *sé* que usted es *capaz de hacerlo.)*

¿Piensa que **"eso"** es importante?

(¿No le "encantaría" acordarse de un proyecto h-e-r-m-o-s-o?

C.P.H./ ¡B-e-l-l-e-z-a!

1. Busque un amigo o compinche al que usted respete profundamente. (Quizás alguien que no tenga una relación laboral con usted.) Vaya a cenar con esa persona y hablen sólo de la "belleza"... *aplicada al trabajo.* ¿Qué es la belleza? ¿Qué *ejemplos* de belleza puede citar... en la comida servida en un restaurante, durante la estadía en un hotel, en una transacción bancaria, en una estación de servicio, en una herramienta, en una circular, en un sitio en la Web? ¿Qué es no-belleza/fealdad... en un formulario, en un proceso, en una política?

(GRAN IDEA: Aprenda a hablar sobre la belleza... de una manera natural/cotidiana. (T-o-d-o-s los días.)

2. Analice el proyecto en el que está trabajando en la actualidad. Analice su descripción sintética (una página o menos). Explore sus objetivos. ¿Son —mídalo en un escala de 1 a 10— *hermosos?*

1 = Repulsivo/Desagradable
2 = Sin personalidad
10 = De una belleza que deja sin aliento.

¿No sabe muy bien cómo proceder para efectuar esa medición? Mi consejo es: HÁGALA/JUST DO IT. Por ejemplo, trabaje con dos o tres colegas, inclusive un compañero de equipo y un cliente; hablen del proyecto, de su definición, de los resultados que se esperan de él. Hablen de la belleza ... en cualquier aspecto de la vida.

Luego introdúzcala (a la belleza) de nuevo en El Proyecto. Lo más probable es que no salga una discusión prolija (todo lo contrario), porque es terreno desconocido y nada familiar para todos. Muy bueno. (Fantástico, en realidad. Todos están tratando de aprender un lenguaje totalmente nuevo.)

3. Renueve la discusión acerca de la belleza-en-nuestro-proyecto en forma semanal/mensual. Sin falta.

4. Incluya a alguien sensacional de afuera para que trabaje con el grupo o le dé una charla. Arquitectos. Bailarines. Músicos. Etc.

* * *

Lo más hermoso que podemos experimentar es lo misterioso. Es esa emoción fundamental que acompaña al nacimiento del verdadero arte o de la verdadera ciencia. Quien no lo conoce y ha perdido la capacidad de asombro, quien ya no puede sentir sorpresa y admiración está prácticamente muerto, como una vela apagada.

—Albert Einstein

8.

Piense: D-I-S-E-Ñ-O.

Piense: D-I-S-E-Ñ-A-D-O-R-E-S. Desde el principio mismo.

> **Belleza / Gracia
> Amabilidad / Identidad /
> ¡UAUU!/
> Momentos mágicos =
> *¡El mundo es del diseñador!***

(Y... sí... ¡Estoy hablando del proyecto del depósito o de la facturación!) (Ver también nuestro futuro *Listado 50... El Diseño+Identidad50.*)

El quid de la cuestión

Ponga el diseño *a la cabeza*-de-su listado para el equipo de proyecto. Y... por lo tanto... ponga a la cabeza a los diseñadores.

El diseño **—belleza, gracia, claridad + economía y facilidad/comodidad de uso—** es una idea que... si se la incluye en el proyecto común y co-

rriente ... llega tarde. Éste es un enfoque peligroso ...
tonto ... contraproducente. Así que ... ¡Pare!

El diseño es uno de esos mundos mágicos que
actúa a nivel inconsciente. Nos eleva ... nos inspira ...
nos llena de suspenso ... sin que a menudo entendamos
el porqué. Y: Constituye *la* esencia del UAUU. Es —¡al
menos debería serlo!— uno de los PRINCIPALES
componentes de *todo* **(y eso significa T-O-D-O)**
proyecto UAUU.

Veamos qué dijo al respecto John Loring, el director
de diseño de Tiffany & Co, un emprendimiento
multimillonario:

> *Hay una reacción visceral frente al
> diseño que siempre funciona. Si algo contiene
> una verdad visual, no hace falta explicarlo...
> Es un terrible error tratar de intelectualizar el
> diseño cuando, de hecho, es algo físico ...*
>
> *Los Chicago Bulls constituyen una de las
> grandes representaciones de ballet de nuestro
> tiempo. Son una gran imaginería moderna.
> Quien no ha sentido profundo placer al ver
> jugar a los Chicago Bulls [durante los años de
> Jordan], no puede hacer diseño para Tiffany &
> Co... No queremos para nada una imaginería
> dulce y débil; nos gusta la audacia... un
> estilo, una elegancia y un chic agresivo que es
> lo que corresponde a nuestros tiempos
> modernos. No estamos viviendo en la Francia
> del siglo XVIII.*

¡Amén!

Gran idea: *Todos* somos diseñadores.

Todos —ya sea en el departamento contable, en Recursos Humanos, etc.— nos comunicamos con nuestros clientes internos/externos y con nuestros superiores a través de cientos (literalmente cientos) de "claves" de diseño...a diario. Cómo está diseñada nuestra oficina...qué tenemos en las paredes ...las formas, los colores, la dimensión de cada herramienta (en el sentido más amplio) que usamos...nuestro correo oral...nuestro sitio en la Web...todo eso transmite (claro...si usted está despierta) mensajes impulsados por el diseño.

Y sin embargo, muy raras veces —si es que alguna vez lo hacemos— nos consideramos diseñadores. ESTOY ABSOLUTAMENTE DECIDIDO A CAMBIAR TODO ESO... *Y CONSEGUIR QUE EL DISEÑO/LOS DISEÑA-DORES LLEGUEN A ENCABEZAR LA LISTA DE PRIORIDADES DE TODOS LOS CREADORES DE PROYECTOS UAUU.*

Super-bottom-line: Todo proyecto *puede* ser un Proyecto UAUU... *puede* ser Hermoso + lleno de Gracia. Pero ...no lo será hasta tanto no tomemos muy en serio el diseño ...en forma explícita ...y desde el comienzo.

C.P.H./Conciencia del Diseño

1. Durante los próximos tres días mantenga una reunión de dos horas con su equipo de Proyecto UAUU para discutir el tema del diseño. Es decir. ¿CÓMO PODRÍA IMPACTARNOS EL DISEÑO ...**REDEFI-NIR NUESTRO PROYECTO**... CONVERTIRSE EN FOCO DE ATRACCIÓN/ "ESO" LA RÚBRICA DE NUESTRO PRO-

YECTO? (Por favor utilice mis... palabras... fuertes... u otras similares.)

2. Incorpore un diseñador. ¡Ya mismo!

3. Incluya el diseño en el temario de **cada** reunión (Preferentemente... como primer punto/entre los primeros puntos a tratar.)

4. Considere la posibilidad de tomarse uno o dos días para hacer algún tipo de curso de "sensibilización al diseño".

5. Anote en su diario... todos los días... por lo menos *un* ejemplo de un diseño genial y *un* ejemplo de un diseño espantoso que vaya encontrando en su quehacer cotidiano. Recuerde, *cada uno* de los productos que usted compra, *cada* cheque o documento que firma, *cada* edificio o negocio en el cual usted ingresa, *todo* aviso publicitario que lee o ve fue diseñado por alguien. ¿Cómo calificaría a ese(a) diseñador(a)?

9.

El quid de la cuestión

Nuestro punto de vista: Todo proyecto *debe* ser evaluado —¡medido!— en una escala de Revolucionario /FANTÁSTICO/Adecuado-a-nuestros-locos-tiempos. (¿Por qué? Porque éstos son tiempos *revolucionarios*.)

¿Cómo sabe si un proyecto (y sus resultados) son "revolucionarios"? Pida a clientes/usuarios locos/revolucionarios que lo evalúen! ¡Busque a los tipos más Sensacionales/Fantásticos/ Locos de su agenda y consulte con ellos! ¡Consiga que jóvenes (muy jóvenes) fanáticos de la Internet le echen un vistazo! (*Cada* proyecto necesita ser analizado desde la perspectiva de la Web. Ver punto 10.) Pregúntele a su hija (hijo) de catorce años qué piensa del proyecto. (¡En serio!) Y... como siempre... la *verdadera clave* es que vaya sintiéndose cómodo con la palabra "revolucionario"; aprenda a usarla en la conversación cotidiana acerca del proyecto. El objetivo: lograr que el concepto/el imperativo ... de la revolución... impregno la conciencia colectiva relacionada con el proyecto y (¿más importante todavía?) el *inconsciente* colectivo (después de todo, es ahí donde reside la mayor parte del UAUU).

C.P.H./¡Revolución!

1. Ya mismo. No es chiste. **Anote _cinco_ aspectos de su proyecto que sean genuinamente revolucionarios.** (Si no puede... reinvente/reenfoque/reformule.) (Se lo digo muy, pero muy en serio.)

2. Invite a **tres fenómenos/locos** —un cliente loco, un investigador académico chiflado y cualquier otra persona fantasiosa-sensacional que tenga en su agenda— para que evalúen los aspectos revolucionarios de su proyecto. **A LA MAYOR BREVEDAD POSIBLE.**

3. Pida a todos los integrantes de su equipo que anoten tres razones por las cuales el proyecto deberá ser revolucionario... y qué significa esa palabra para ellos. Organice una reunión "revolucionaria" (en algún lugar extraño, no tradicional... ¡obviamente!) para discutir lo que cada cual ha escrito. El objetivo: conseguir que todo el equipo esté en la misma línea... o, mejor dicho, ¡cruzando la línea!

4. Pídales a los integrantes de su equipo que evalúen —de 1 a 10— cada uno de los resultados finales del proyecto, en una escala de Habitual a Revolucionario.

5. En el temario de _todas_ las reuniones de análisis del proyecto incluya "Aspectos revolucionarios".

Mensaje:
OBTENGA IDEAS EXPLÍCITAS/ INTERPRETACIONES TOTALMENTE DELIRANTES ACERCA DEL CONCEPTO "REVOLUCIONARIO".

10.

¿De una manera "fundamental" y "definitoria"? (Linda palabra... pero lo digo en serio.) ¿Desde el principio mismo del proyecto?

El quid de la cuestión

No existe el proyecto "revolucionario" (ni uno por el cual valga siquiera la pena levantarse de la cama) ... si la Web no desempeña un rol G-R-A-N-D-E/P-R-I-O-R-I-T-A-R-I-O en él.

El proyecto podrá no ser más que el programa para la reunión anual de los proveedores. Bueno... por qué no habría de existir: 1) ¿un sitio especial en la Web para el suceso?; 2) ¿la posibilidad de inscribirse a través de la Web? 3) ¿la posibilidad —para los que "se quedan en casa" (es decir, los que no han sido invitados a participar) de ingresar, en vivo, a algunas de las presentaciones a través de la Web? 4) ¿un seguimiento de lo decidido en la reunión a través de la Web? (Etc., etc.)

C.P.H./Revolución = ¡Bienvenido al mundo de la Web!

1. Incorpore la Web en forma explícita en el proyecto —¡en cualquier proyecto!— a partir de su gestación. Si su proyecto ya se encuentra en pleno proceso de desarrollo, convoque a una reunión especial para tratar el tema de la Web.

HOY MISMO.

2. Invite a uno o dos "gurúes de la Web" locales a almorzar, para que analicen el plan del proyecto y le den su (audaz/implacable) idea/información referida al uso de la Web.

3. Haga que todos los miembros de su equipo lo informen regularmente acerca de sus direcciones favoritas en la Web... y evalúe la importancia que ellas podrían tener en relación con el proyecto. (¡Hágalo con mucha seriedad y en forma sistemática!)

4. Cree su propio . . . **sitio del Proyecto UAUU en la red.** P.D. El diseño y el contenido del sitio será por demás elocuente respecto del proyecto mismo. Ningún proyecto UAUU puede tener un sitio puaj. (¿No le parece?)

11.

Amén. No, no todos los proyectos son un Windows95. Pero todo proyecto debería "importar" en forma notable. Incluso el "simple" rediseño de un formulario. La b-e-l-l-e-z-a del esfuerzo realizado, ¿genera una manera totalmente novedosa de ver las cosas en nuestro departamento? *¿Valió la pena hacerlo?"*

El quid de la cuestión

I-M-P-A-C-T-O. Ese proyecto, ¿cambió "la forma en que llevamos nuestros negocios"? ¿importó/produjo una diferencia notable? *¿A Q-U-I-É-N L E I-M-P-O-R-T-A?*

Ralph Waldo Emerson —el Hombre que Confiaba en sí Mismo— ha regresado entre nosotros como un héroe moderno: Tenemos que "simbolizar algo"/ "tener algo que decir" si queremos sobrevivir profesionalmente. Al final del día ...nadie... ni el jefe, ni el compañero de equipo, ni la tecnología... pueden hacerlo por usted/por mí. Nuestro destino...y carrera...ahora más (*mucho más*) que antes...está en nuestras propias manos. Éste es uno de los grandes axiomas de nuestros locos, dementes, insólitos, maravillosos, revolucionarios tiempos.

La mayor parte de nuestro tiempo de vigilia está dedicado a "hacer"...proyectos. De modo que ... esos proyectos son... *nuestra historia*... nuestro legado profesional. **Son nosotros mismos.** De ahí que no hay nada (!) —*por definición*— más importante, profesionalmente hablando, que la pregunta: ¿VALIÓ LA PENA HACERLO [AL PROYECTO]?/¿FUE IMPORTANTE [EL PROYECTO]?

En síntesis...Nuestros proyectos... *por definición* ...¡deben ser importantes!

El fundamento básico, pues, está muy claro: es nuestra Obligación N°1 —*para con nosotros mismos*— asegurarnos de que *todo* proyecto —no importa lo trivial y cotidiano que nos parezca— Valga la Pena/Importe/Genere un Cambio/Tenga un I-m-p-a-c-t-o Duradero.

IMPACTO, AL ESTILO DE JACKSON POLLOCK

Aquí van más criterios UAUUísticos: mientras me preparaba para visitar la muestra retrospectiva de Jackson Pollock en el Museo de Arte Moderno de Nueva York, a fines del año 1998, me encontré con el libro *Jackson Pollock*, de Claude Cernuschi. En uno de los capítulos, el autor focaliza su atención en los criterios que utilizan los críticos para evaluar la carrera y el trabajo de un artista. A saber:

* *Moda.* ¿Estaba en "la onda"?

* *Calidad.* ¿Su técnica era genial?

* *Originalidad.* ¿Puede ser calificado de novedoso?

* *Influencia. El mundo del arte, ¿cambió en forma significativa gracias al trabajo de esa persona?*

Desafiante, la lista, ¿eh? Por lo tanto: **aplíquela a su proyecto actual.** ¡Ya mismo! (¿De acuerdo?) (¡Sin hacer trampas!) (Y... sin tomar por atajo alguno. Utilice los puntos de Cernuschi. *¿Por qué no?*)

C.P.H./¿Valió la pena?

1. Confeccione una lista de las dos o tres cosas que usted quisiera agregar a su currículum en los próximos 18 meses a 2 años. En ella, ¿figura el proyecto en el cual está trabajando actualmente, tal como está configurado ahora? (Es decir: "¿es algo...?" TRASCENDENTAL... para *usted*?) Si la respuesta es negativa, reformule el proyecto ...**DRÁSTICAMENTE**... o bórrelo.

2. Hable con una o dos personas sabias (a quienes usted admire) y pídales que evalúen en forma *absolutamente honesta* el proyecto que tiene entre manos:

¿ES IMPORTANTE/TRASCENDENTAL... O ES SIMPLEMENTE PARTE DE SU RUTINA?

(P.D. Para que sea importante/trascendental, *no* hace falta que un proyecto sea "grande"; remítase a las partes 5 y 6 referidas a proyectos pequeños que le permiten atacar/cambiar la resolución de problemas importantes.)

3. **¡Evite que su proyecto pierda fuerza a mitad de camino!** ¡*Esté atento!* Mantenga viva la pregunta "¿Vale la pena hacerlo?" a lo largo de todo el proyecto. Formule esta pregunta (seria y literalmente) al final de cada semana... y hasta al final de cada día.

11a.

¿HIZO ENOJAR A ALGUIEN ÚLTIMAMENTE?

La cosa es muy simple:
Proyectos UAUU = Cambio de las reglas de juego.
Cambio de las reglas de juego = Joder a los integrantes del establishment. (Punto. O sea: algo inevitable.)

El quid de la cuestión

No le estoy sugiriendo que ande por ahí buscando pleitos. Pero la contienda es parte integral de un verdadero proyecto UAUU/proyecto que importa. ¿Puede imaginarse los logros de Martin Luther King, Jr ... sin enemigos? ¿O los de Gandhi? ¿O a Franklin Roosevelt... manejando un congreso aislacionista? (Su Tratado de Préstamo y Arrendamiento con Churchill, de 1941, era a todas luces inconstitucional... Como lo fueron muchos de los actos gubernamentales de Lincoln, 80 años antes.)

Visto desde otra perspectiva: **La política es vida**. Incluso la vida de un proyecto. Y —aunque suene paradójico o parezca una ironía— ello es doblemente válido para los Proyectos UAUU. Es decir, para los proyectos que —por definición— cambian las reglas del juego. No le quedará otra alternativa que tratar con gente que, por diversas razones, desearán que no tenga éxito con su proyecto: gente envidiosa, gente que teme que le invadan su campo, gente que tiene m-u-c-h-o interés en mantener el statu quo, gente que, simplemente, le tiene terror al cambio. Por lo tanto, necesitará... habilidades políticas hercúleas (o clintonianas) para ...neutralizar... convencer con finura... y, en algunos casos, simplemente ganar en astucia... a esos que siempre dicen no. Y como de costumbre, el concepto de "política del proyecto" es algo que brilla por su ausencia en la literatura relativa a la conducción de un proyecto.

C.P.H./¡Conviértase en paquidermo!

1. Analice con lucidez y claridad a quiénes podría fastidiar, irritar, enfurecer y/o inquietar su proyecto... si funciona tal como ha sido planificado. (*Todos los Proyectos UAUU que valen la pena y resultan exitosos alteran de alguna manera las relaciones internas de poder.*) En las primeras etapas, procure mantener un perfil bajo... y evite mostrar demasiado pronto todos sus ases (es decir, cuando el proyecto es particularmente frágil). Vaya formando aliados poderosos en aquellos lugares que se beneficiarán con su proyecto. Estudie muy cuidadosa y específicamente quiénes son esos posibles aliados y comience a integrarlos a su proyecto... cuanto antes. Modifique ciertos elementos de su proyecto —es decir, agregue productos finales— a fin de que resulte más atractivo aún para esos potenciales amigos-en-posiciones-de-poder.

2.Desarrolle un plan claro y preciso para atraer/seducir a sus primeros aliados clave.

Una vez más, esto es "política". Pero recuerde: Política = El Arte de Lograr que las Cosas se Hagan.

Ausencia de política = ausencia de implementación.

Y, con respecto al "plan"... hoy en día, las campañas políticas no se improvisan. ¿Verdad? ¿No podría aprender una, o dos, o veintidós cosas de James Carville, una de las personas a las que está dedicado el presente libro?

12.

Nuestro objetivo: Convertir a nuestros Clientes del Proyecto UAUU, del primero al último, en nada menos que... ¡Fanáticos Rabiosos!

El quid de la cuestión

UAUU es *grandioso.* (Bueno... ¡ése es el objetivo de todo este ejercicio!) La belleza es *la* prueba de la excelencia perdurable del proyecto. (Deje de lado la belleza... ¡y será blanco de mi franco menosprecio!) Es *imprescindible* que sea revolucionario. (Tiempos revolucionarios ... **exigen** proyectos revolucionarios ... De eso no cabe duda.) El *Impacto* es su carta de presentación. (En el largo plazo, usted deberá ser capaz de responder afirmativamente a la pregunta: "¿Valió La Pena Hacerlo?")

Entonces, ¿qué es lo que falta en la lista de atributos clave? Respuesta: **EL C-L-I-E-N-T-E.** Pero si nuestra meta es un Proyecto UAUU/Revolucionario/Hermoso/De Alto Impacto/Que-Valga-La-Pena... ¿es suficiente con la "inclusión del Cliente"? Mi respuesta es: ¡De ninguna manera! Queremos lograr con nuestros clientes el mismo estándar "UAUU-LLUEVA-O-TRUENE" que nos exigimos a nosotros mismos. De ahí mi consejo: Robe descaradamente de Ken Blanchard y de Sheldon Bowles. Ellos escribieron un best-seller llamado *Raving Fans* [Fanáticos Rabiosos]. En él nos piden ir (mucho) más allá de la "satisfacción del cliente". Nos exigen convertir a cada cliente en una publicidad ambulante de nuestro trabajo ... vale decir, un Fanático Rabioso. Por lo tanto, yo le digo:

Adhiera —¡EN FORMA MENSURABLE!— al estándar "Cliente-como-Fanático Rabioso".

Una vez más, esto es —o puede ser— una oportunidad para volver a *reformular y reenfocar*. Incluya en su proyecto, desde (muy) temprano, a un Cliente Realmente Sensacional ... o dos, o cuatro. Haga que esos Clientes Realmente Sensacionales co-diseñen el proyecto con usted. Pregúnteles, con estas mismas palabras:

"¿QUÉ PODEMOS HACER —EXACTAMENTE, EN LO QUE HACE AL PRODUCTO FINAL— PARA CONVERTIRLO EN ... UN FANÁTICO RABIOSO?".

(Repito: Le pido que use la expresión Fanático Rabioso. Y que reformule el proyecto todo lo que sea necesario para convertir a esos clientes en F.R.S.)

C.P.H./ ¡Fanáticos Rabiosos! (¡O reviente el proyecto!)

1. Por empezar, piense —en términos muy precisos— qué significa ser un "Fanático Rabioso". ¿Qué lo convierte a *usted* en un Fanático Rabioso de un producto o servicio? (¿Y qué lo desmotiva? **¿O hace que simplemente ... horror de los horrores ... se sienta "satisfecho" ... pero emocionalmente indiferente?**) Haga una lista de las cosas que le *encantan* ... y de aquellas que *detesta*. Luego pregúntese: ¿Incluye nuestro proyec-

to —en forma *explícita*— las cosas/los ganchos que yo *amo* como usuario/cliente? ¿Y excluye explícitamente aquellas cosas que yo detesto? La idea es: Comience a reflexionar acerca del **Estándar Explícito del Fanático Rabioso.**

2. Consiga un **(¡uno!)** potencial Consumidor Final. Ahora mismo. Paséelo por el proyecto. Vea si obtiene de él alguna reacción que delate al Fanático Rabioso. (No es fácil, dado que, a esta altura, el proyecto es todavía un boceto) Al menos, engánchelo en un diálogo acerca del tema del Fanático Rabioso. Repita este proceso a medida que vaya puliendo/reformulando la definición del proyecto.

3. Estudie/investigue —¡cuidadosamente!— las reacciones del cliente a la versión actual de, por ejemplo, el Procedimiento Comercial que su proyecto pretende UAUUizar. ¿Comprende realmente a fondo a los usuarios ... en la actualidad? ¿Sabe lo que "aman"/ "odian"/o, simplemente les "gusta"?

¿Qué **los pone furiosos**? ¿Qué **los fascina**? Usted debe ... **saberlo** ... si los quiere convertir en Fanáticos Rabiosos del proceso ... mañana. Sugerencia: Busque a usuarios insatisfechos para usarlos como sus primeros conejillos de Indias. Puede que el usuario "promedio" se muestre demasiado indiferente: por ejemplo, que se sienta sentirse sólo vagamente molesto con las cosas tal como están. Pero lo que usted busca es un usuario que realmente esté **furioso** ... con usted ... **hoy** ... y que se convierta en un fanático (rabioso) mañana. Gane a ese intratable enemigo para su causa ... y piense en lo arrobado que se sentirá el usuario promedio.

12a

El quid de la cuestión

La mujer estadounidense constituye el Sector Económico Más Grande del Mundo. (Entre otras cosas, es responsable de U\$S 4,8 billones del P.B.I de los Estados Unidos). Las empresas que son propiedad de mujeres estadounidenses —hay más de nueve *millones*— generan mayores ingresos (U\$S 3,6 billones) que el P.B.I. de toda la economía alemana. Sin embargo, la mujer recibe malos/deficientes/escasos servicios por parte de prácticamente todas las empresas de servicios de salud ... empresas de servicios financieros ... fabricantes de automóviles (y, Dios sólo lo sabe, por parte de los concesionarios de venta de autos) ... fabricantes de computadoras ... etc. (Podría citar muchos ejemplos más ... cosa que *haré* en un próximo libro de esta serie, *el Mercado de la Mujer50.)*

Sin embargo, con respecto a los Proyectos UAUU, mi mensaje es breve y ... espero ... tierno:

SI LAS MUJERES —COMO CONSUMIDORAS MINORIS-
TAS O INTEREMPRESARIALES— SON LAS DESTINATARIAS
DEL PRODUCTO FINAL DE SU PROYECTO ... ¡ACTÚE EN CON-
SECUENCIA!

(Y ... ¿no le parece que, en gran medida, ellas
deberían ser consideradas importantes usuarias de su
Proyecto?)

Es decir, *cada* aspecto del proyecto/diseño de
producto y suministro debería reflejar explícitamente a la mujer-como-destinatario.

Ocúpese de esto desde el primer momento ... y no
como una idea marginal sobre el tema.

PRUEBAS CONSISTENTES

La prueba es sorprendentemente consistente. Los
servicios financieros. Los servicios de salud. Los programas de computación. Los automóviles. Lo que fuera. Al
hombre le "interesa concretar la transacción"; a la mujer
le interesa "la relación" con el proveedor. La mujer, en
general, no quiere saber nada de un discurso de venta
agresivo que la ponga bajo fuerte presión; quiere poder
estudiar la oferta y responder en forma medida (ver, por
ejemplo, "FemaleThink" en *Clicking* [Hacer click] de Faith
Popcorn).

**E-x-a-c-t-a-m-e-n-t-e estas mismas ideas son
las que se trasladan a los clientes internos en el
caso de un proyecto de rediseño de un procedimiento comercial.** Por ejemplo: Lo que está "vendiendo", ¿es

sólo un nuevo método, sistema o característica? O está vendiendo un enfoque nuevo y más elaborado de las relaciones entre las distintas unidades de la empresa?

C.P.H./La Mujer-como-Usuario-del-Proyecto

3. ¿Son mujeres —ya se trate de clientes internos o externos— los principales usuarios del producto final de este proyecto? ¿Podrían llegar a serlo? (¿Está absolutamente seguro de su respuesta a esta pregunta?)

2. ¿Se tiene en cuenta a la mujer-como-usuario-principal, en forma *explícita,* en *cada uno* de los elementos que hacen al diseño y la ejecución del proyecto? ¿Puede reformular el proyecto para adecuarlo a la mujer-como-usuario?

3. ¿Cuenta con un equipo —asesores, Clientes/Fanáticos Rabiosos en potencia— de gente adecuada para ayudarlo a reformular (¡y ejecutar!) este proyecto, teniendo presente a la mujer-como-usuario? **Sugerencia:** Esto significa que deberá haber mujeres en su equipo ... desempeñando roles líderes.

4. ¿ES ESTE TEMA DE LA —MUJER-COMO-USUARIO— ALGO IMPORTANTE

(¡UAUU +!)

PARA SU EQUIIPO/SU PROCESO DE DISEÑO?

Si no es así ... ¿por qué? (Reflexione sobre este punto. Hable acerca de él. Explíquelo. Con regularidad.)

13.

**PIRATAS-EN-ALTA-MAR.
NOS ENCONTRAMOS EN UNA MISIÓN/UNA
CRUZADA. NOS PROPONEMOS PATEAR EL
TABLERO (DE LA SABIDURÍA
CONVENCIONAL) A LO GRANDE . . . Y
PROVOCAR UN CAMBIO TRASCENDENTE.**

Somos Peregrinos . . .

Pioneros . . .

Piratas.

Y estamos por embarcarnos en . . . una Aventura.

(Importante: ¡Por favor, escriba la "A" de Aventura con *mayúscula!*)

El quid de la cuestión

Piratería. Espíritu de Pionero. Patear-destruir-hacer-trizas los tableros. ¡**A**ventura! El sentido de todo esto:

NUNCA PROVOCARÁ UN CAMBIO TRASCENDENTAL SI NO URDE, EN FORMA DELIBERADA UNA "AVENTURA MEMORABLE". Y LA CONCRETA.

Mientras se preparaba la primera Mac, Steve Jobs izó una bandera de piratas sobre su centro de desarrollo en Apple. (¡Estaba por alcanzar un éxito —de proporciones épicas— en su propia empresa!)

La idea aquí es eminentemente práctica: no lograremos revertir (en una medida que haga historia) el statu quo … a no ser que podamos convencer a nuestros piratas colegas/camaradas de aventura (usuarios, proveedores, compañeros de equipo) que estamos todos embarcados en un **V**iaje —una **A**ventura— de la que vale la pena participar.

El diccionario Webster define el término "aventura" como "un emprendimiento audaz; una experiencia inusual, emocionante, a menudo romántica". ¡Me encanta esa definición! "A menudo romántica". ¿Cuándo fue —exactamente— la última vez que usted pensó en su proyecto/trabajo como algo …

r-o-m-á-n-t-i-c-o ?

Puede/debe serlo/le será … **si** tiene en cuenta/si concreta las acciones propuestas en este libro (Creemos.) Todo el asunto gira alrededor de lo mismo: Convertir su proyecto/vida … en algo audaz… emocionante … **romántico** … en una **A**ventura.

EL PROYECTO-COMO-UNA-NARRACIÓN

Un Proyecto UAUU es una narración que se va desarrollando… una historia … un buen relato. En nuestra selección bibliográfica (incluida al final del libro) usted no va a encontrar los tradicionales textos sobre generación de proyectos. En cambio, descubrirá Historias Grandiosas. El desarrollo del radar durante la Segunda Guerra Mundial. La creación del Boeing 747. El invento de una computadora, que fue pionera en su tipo, en Data General.

Éstos son ... Proyectos que Vale la Pena Hacer ... Trabajo que Importa. Como jefe del proyecto, usted está creando una narración, una historia, un excelente relato. Si ve de esa manera el proceso que se está gestando, usted y su banda de piratas se van a divertir muchísimo más y apuesto a que incrementarán en forma drástica las probabilidades de obtener un Resultado UAUU!

* * *

QUÉ DESPERDICIO: UNA VIDA QUE NO ES UNA AVENTURA O, POR LO MENOS, UN INTENTO DE SER UNA AVENTURA.

C.P.H./¡Aventura! ¡Piratería!

1. Bien ... ¿Es esto (nuestro futuro Proyecto UAUU) una **A**ventura g-e-n-u-i-n-a? ¿Por qué? ¿Por qué voy *yo* a meterme en esto y arriesgar mi cabeza y ser blanco de la artillería? ¿Qué es, exactamente, lo que hace que el riesgo valga la pena? ¿Qué convierte todo esto en algo audaz, fuera de lo habitual, emocionante ... r-o-m-á-n-t-i-c-o?

2. Utilice los/mis términos: Aventura ... Piratería ... Episodio-en-Alta Mar... Romántico. Reitero: Las palabras *son* importantes. (Muy importantes.) Y las palabras *calientes* engendran proyectos *calientes*/conspiradores *calientes*/patrocinadores *calientes* /usuarios *calientes*.

3. Comience ... ya mismo ... un *Libro de Bitácora sobre el camino hacia*... *[Nombre de su Proyecto UAUU]*.

Adopte todos los aspectos inherentes al concepto de Aventura. (Por ahí, les puede servir de inspiración leer en grupo los libros sobre los grandes exploradores de los polos. Peary. Scott. Shackleton. Amundsen.)

14.

Y usted:

Al Proyecto UAUU lo beneficia mucho tener cierta fama y prestigio y, al mismo tiempo, contar con un lugar / santuario / guarida / cueva que ofrezca privacidad a quienes trabajan en él.

"Un lugar" puede ser una mesa en un rincón del pub o del café donde usted y su gente se encuentran los jueves por la noche ... o una oficina fuera de uso de 3 x 3,5 donde usted comienza a instalarse y crear su nido. Con el tiempo, "el lugar" debería convertirse en un vibrante centro nervioso/Cuartel General, no demasiado distinto del *Salón de los Mapas* de la Casa Blanca.

El quid de la cuestión

Parece ser un punto un tanto fuera de lugar dentro de este listado, ¿verdad? Yo no lo creo así. **Todos los Proyectos UAUU tienen que ver con ... carácter ... fortaleza ... despreocupación ... desenvoltura. Por lo tanto, nuestra banda de piratas UAUU necesita ... una guarida de piratas.**

En esto, la historia está de mi parte: la mayoría de las conspiraciones —¿y qué otra cosa es un Proyecto UAUU sino una conspiración?— fueron gestadas en torno de mesas de café o de pubs, o en depósitos fuera de uso o en buhardillas tenebrosas. Es decir, en lugares donde una pandilla de apasionados individuos al margen de la ley pueden dejar de lado cualquier tipo de reserva... debatir ideas ... tejer sueños... elaborar planes ... inventar, revisar, analizar ... recargar las pilas de su fe. Por lo tanto, nuestros acelerados aventureros necesitan algún tipo de "garito" que puedan sentir como lugar propio. Más adelante, el "espacio" / "estudio" / "santuario" se convierte en la más formal —aunque siempre alocada— incubadora de la cual se verán surgir cosas secretas pero sensacionales.

Otra ventaja de tener un lugar/espacio propio: ayuda a generar un zumbido particular. La gente comienza a preguntarse: "¿Qué se trae entre manos esa pandilla de hombres y mujeres alegres y bulliciosos? ¡La energía y el entusiasmo que emanan de ese mugriento cuartucho es casi palpable, algo impresionante!". La curiosidad y la expectativa van creciendo, habrá colegas que deseen, de pronto, incorporarse a su equipo y su Proyecto UAUU se hará, de pronto —al igual que todos los "lugares"— muy evidente y claramente visible en el mapa.

C.P.H./El poder de la "Guarida"

1. Consígase un pequeño espacio —preferentemente de mala muerte— para convertirlo en el cuarto de reunión de su equipo/sus compinches. Arréglelo para que sea un ambiente cómodo y confortable (pero *nunca* algo formal). Empapele las paredes con sentencias referidas a la misión del proyecto, cronogramas tentativos, pósters de héroes, instantáneas de hitos inspiradores, frases célebres que lo inspiren, ideas disparatadas, chistes, locuras y tonterías.

2. Bueno, sí, quizás esto *sea* un poco una táctica para "confundir al enemigo", pero le recomiendo que trabaje conscientemente en ... *la imagen, la mística del "lugar"*. Rodee ese "lugar"/ estudio de un halo de misterio e incluso de exotismo. Los Proyectos UAUU = Beneficiarios del zumbido. De modo que ... trabaje ... en forma asidua ... para generar ese zumbido.

15.

Esto es lo que recomiendan con insistencia los psicólogos del deporte. ¿Por qué no hacer lo mismo con su proyecto? Incluya el resultado del proyecto que tiene entre manos en la próxima actualización de su currículum.

¿Cómo lo ve? ¿Maravilloso? Si no es así ... hay más revisión y reformulación en su futuro.

El quid de la cuestión

Proyecto UAUU = Imágenes UAUU.

Desde el vamos. ¡ I-m-a-g-i-n-e! ¡V-i-s-u-a-l-i-c-e ! Pinte en su mente una imagen del proyecto terminado. Entre otras cosas: Pintar / Visualizar = *Más* Aliento para Prestar Atención al Diseño. ¿Correcto? (relea los capítulos 7 y 8).

C.P.H. / ¡Imágenes que sacudan el alma!

1. A-H-O-R-A M-I-S-M-O. HAGA QUE TODOS LOS CONSPIRADORES INVOLUCRADOS EN EL PROYECTO DESDE EL PRINCIPIO INCLUYAN LA VERSIÓN FINAL DE SU PROYECTO UAUU... EN LA PRÓXIMA ACTUALIZACIÓN

DE SU CURRÍCULUM. COMPAREN LO QUE CADA UNO ANOTÓ. (¡INTERCAMBIEN SUEÑOS!) SI EL RESULTADO NO LE PARECE MARAVILLOSO Y SOBRECOGEDOR... REFORMULE EL PROYECTO. (NO IMPORTA EN QUÉ ETAPA —NI CUÁN AVANZADO— SE ENCUENTRE.)

16.

Las cosas creativas provienen de equipos creativos, que apuntan a servir a una alocada y creativa mezcolanza de usuarios/Clientes. ¿C-O-R-R-E-C-T-O?

Recorra cualquier ciudad estadounidense dinámica y vital. ¿Adivine con qué se encontrará? Con gente de todo tipo, color y forma, de cualquier nivel social y etnia, con todo tipo de excentricidades y chifladuras, etc.

¡Bravo! Estamos ingresando en el Siglo Global y somos una Nación Global... ¡que sigue siendo la Meca de la Oportunidad, un hervidero de exuberancia! ¡De espíritu de empresa! ¡De emociones!

Diversidad = Amplio Espectro de Perspectivas = Efectividad = Probabilidad de lograr el ¡UAUU!

Entonces: ¿Incluye su banda de piratas una **E***xuberante* **M***ezcolanza de* **A***mbientes? Y: ¿Tiene en cuenta, en forma explícita y desde el principio, un amplio arco iris de usuarios?*

El quid de la cuestión

Ésta es una verdad que se cae de madura (o, al menos, debería caerse): Su proyecto es tan sensacional como son de sensacionales quienes participan del mismo. Limítese a trabajar con hombres blancos de mediana edad y estará... condenado ... **c-o-n-d-e-n-a-d-o por d-e-f-i-n-i-c-i-ó-n**... a la anti-UAUUidad.

Soy un fanático de la diversidad. (Pero no hay en ello/en mí el menor vestigio de búsqueda de una posición "P.C."/Políticamente Correcta. P.C. tiene que ver con un comportamiento mojigato, de dueño de la verdad, de anda-con-cuidado-que-puedes-ofender-a-alguien. UAUU... y la diversidad necesaria para lograrlo... tiene que ver con un comportamiento sincero y desafiante, dispuesto a ofender-al-poder-constituido, frontal, a-u-d-a-z y c-r-e-a-t-i-v-o.)

* * *

UAUU = Diversidad = Mezcolanza Loca = Audaz, creativo y sensacional = M-O-N-S-T-R-U-O-S. Punto.

* * *

Puedo afirmar esto sin temor a equivocarme: los mejores proyectos (los más UAUU) que conocí/de los que participé, sacaron enorme provecho de una amplia selección de inadaptados/tipos diversos que aportaron una extraordinaria "diversidad" de puntos de vista/antecedentes/estilos de vida/talentos.

Le doy una primicia: los jóvenes son diferentes de los viejos. Las mujeres son diferentes de los hombres. Los afroestadounidenses son diferentes de los caucásicos, quienes a su vez son diferentes de los asiático-estadounidenses. Homosexual es diferente de heterosexual. Etc. Usted no podrá nunca —así de simple es la cosa— crear un proyecto UAUU a partir de un equipo humano homogéneo. Punto.

C.P.H./¡La hora del Arco Iris!

1. Entonces... **¿ES O NO ES UN GRAN ARCO IRIS SU EQUIPO DE PROYECTO?** (Hable de esto con sus compañeros del grupo. Ya mismo.)

2. ¿Qué medidas está tomando para convertir a su Equipo de Proyecto UAUU en un arco iris (color/edad/formación/sexo/raza/etc.)?

3. Hable con tres estrechos colaboradores que se destaquen por su comportamiento: pídales consejo acerca de qué agregados tipo Arco Iris habría que llevar a cabo en su incipiente Equipo de Proyecto UAUU. **A la mayor brevedad posible.**

4. Extienda la idea del Arco Iris a ... clientes, proveedores, asesores ... es decir ... a cualquiera que esté involucrado en el proyecto.

* * *

SI SU EQUIPO DE PROYECTO ES HOMOGÉNEO, USTED ESTÁ CONDENADO A LA NO-UAUUIDAD!

17.

Los gráficos PERT —etc.— tienen su lugar y su objetivo. De acuerdo. Pero la verdadera "planificación" requerida por un Proyecto UAUU es un honesto "plan de negocios para una pequeña empresa". *Un proyecto —cualquier Proyecto UAUU— es una pequeña/microempresa.* Por lo tanto: el plan/la propuesta del proyecto debería leerse/oler a plan para una pequeña empresa.

El quid de la cuestión

Un Proyecto Sensacional/Revolucionario/UAUU es... en muchos (esenciales) aspectos... una "pequeña empresa" autónoma. Un Proyecto UAUU es la quintaesencia de una puesta en marcha operativa. Por lo tanto, el "plan" para ella debería ser —por definición— un *plan de negocios*, pero en serio.

C.P.H./Plan de Negocios

1. ¿Plan? *¡Sí, absolutamente correcto!* **Pero ¿tiene su Plan del Proyecto UAUU el pragmatismo, el ímpetu, las fechas de vencimiento estrictas y los productos finales concretos de un ambicioso y formal plan de negocios para la puesta en marcha operativa de una pequeña empresa?**

2. Reúna una docena de planes de negocios de primera línea —de capitalistas inversores, amigos, etc. Compare su plan del proyecto con los planes de ellos. ¿Son equiparables? Si la respuesta es negativa ... reagrupe, repiense, **reformule y cambie de enfoque**. *(Es decir: Imagine que está frente a un inversionista para conseguir una financiación inicial: ¿Le parece que su Plan de Proyecto UAUU lo seducirá de modo tal que se decida a desprenderse de su dinero?)*

18.

PIENSE/SEA OBSESIVO ... CON LOS P-L-A-Z-O-S D-E E-N-T-R-E-G-A. SEA RIDÍCULAMENTE/ABSURDAMENTE/ PSICÓTICAMENTE EXIGENTE CON USTED/CON SU PEQUEÑA BANDA DE RENEGADOS.

Piense "seis meses" ... y seguro que le llevará seis meses y la yapa. Piense "cinco días" ... y le apuesto a que podrá concretar algo importante en cinco días. (¡O en tres!) Proyectos UAUU: "Sueños con plazos de entrega", por el gurú de los Grandes Grupos Warren Bennis.

El quid de la cuestión

Hágalo ... AHORA. Yo/nosotros tendremos mucho más para decir acerca de este tema. (Vea la sección sobre Implementación.) Pero la idea principal es: no hay espacio para la procrastinación/pérdida de tiempo cuando se persiguen grandes "sueños". Por el contrario, los "soñadores" más aristocráticos que he encontrado en mi vida también estaban en el tope de la Escala del Pragmatismo. Decididos a llevar a cabo pruebas *reales* y a acorralar a clientes *reales ... Lo Antes Posible.* En el mundo del Proyecto de Negocios UAUU, uno se gana las medallas de oro no inventando grandes historias sino *haciendo* cosas sensacionales ... *ahora mismo.*

El "impulso" constituye el **Gran Guiso** en la política/los proyectos/la vida/prácticamente en todo. Es esta fuerza que lanza hacia adelante, ese brote de energía que genera una marejada de inevitabilidad en torno del ¡UAUU! Pierda el impulso y será un globo desinflado... sin fuerza y sin vitalidad... y, decididamente, no será inspiración para nadie. En cambio, mantenga el impulso y automáticamente volcará los tantos a su favor.

El impulso es una fuerza sumamente frágil. **Su peor enemigo: p-o-s-t-e-r-g-a-r.** Su mejor amigo: una fecha de entrega (piense en el Día de las Elecciones). Implicancia N°1 (y no existe una N°2): ¡Ponga manos a la obra! ¡YA MISMO!

C.P.H./¡El mundo de los plazos!

1. Usted lo "ama". Es "sensacional". ¡FABULOSO! Pero: ponga a prueba alguna parte del Proyecto con un test *real* dentro de las próximas... *72 horas.*

MANTRA: HÁGALO REAL ... A-H-O-R-A.

("Pero ¿no es poco realista eso de las 72 horas?", me preguntó un colega. "De ninguna manera —le contesté—. Los verdaderos 'elaboradores de prototipos rápidos' me dicen... 'No. No. No.'" Es decir: usted puede realizar un "pequeño" test "real" de a-l-g-o con esa celeridad... **si** está decidido a hacerlo.)

2. Hable (y viva) constantemente: *real… ahora… test… plazos/vencimientos.* Nunca deje que su hermoso Proyecto UAUU se convierta en una quimera.

3. Fije plazos prácticos … ¡hoy mismo! (El primero de los cuales no debería estar más lejos de **c-i-n-c-o días** a partir de la fecha.) (No es broma.)

4. Exhiba los plazos/vencimientos. En lugares visibles. Públicos. En la Sala de Reuniones del Equipo. En tamaño grande. Los miembros del equipo no deberían tener posibilidad de ir muy lejos sin tropezarse con un … **p-l-a-z-o**.

19.

Usted necesita alguien con quien hablar/desahogarse. Si puede, trate de encontrar para eso a una persona mayor, sabia y empática, que lo escuche.

Utilícelo(la) como una oportuna caja de resonancia /detector de interferencias. Sugerencia: ¡esto es sorprendentemente importante!

El quid de la cuestión

Los Proyectos son un deporte en equipo, no hay duda. Pero los Proyectos UAUU pueden —irónicamente— resultar una tarea solitaria. ¿Por qué? Porque el Proyecto UAUU apunta a patear-destruir-demoler bastante más que sólo un par de tableros. De aquí que los dueños y custodios tradicionales de esos tableros lo harán blanco de (cáusticas) críticas. (Esto resulta bastante modificante ... teniendo en cuenta que usted "sabe" —con la convicción de un profundo creyente— que éste es el proyecto más fantástico y justificado del mundo.) Una gran solución: tener un compinche. Por supuesto, puede ser su pareja. Pero también, insisto, puede recurrir a un "asesor sabio" ... o mentor ... de su lugar de trabajo. Él aplacará su ira ... lo alentará después de sufrir un contratiempo ... o le brindará sabios consejos acerca de cómo manejar ese espinoso problemita (¿problemón?) (por ejemplo, ese licenciado en administración de empresas recién recibido que se ha propuesto pudrirle la vida y borrar hasta el último vestigio de UAUUidad de su proyecto. De ser posible, usted y su mentor deberían concertar una charla telefónica semanal ... un almuerzo quincenal o mensual ... aun cuando las cosas, en apariencia, marchen como sobre ruedas. Freud revolucionó las relaciones humanas con su pasión por "curarse hablando". Piense en esta propuesta como "hablar como medicina preventiva" para su Proyecto UAUU.

Mientras trabajaba en mi gran proyecto para McKinsey & Co., me habría vuelto loco si no hubiera contado con una cantidad de sabios que hicieron de caja de resonancia, permitiendo que me desahogara y ayudándome a serenarme. Hubo momentos en que esas personas desactivaron interferencias y aplacaron Importantes Plumajes a quienes yo había erizado.

C.P.H./Sabio Mentor-Psicólogo

1. ¡Tómese esto en serio! *¡Usted **no puede** hacerlo todo solo!* (Créame. **Por Favor.**) Concrete un almuerzo —en el curso de la próxima semana— con, digamos, un ex jefe suyo, para hablar de su proyecto y de qué manera él podría asesorarlo para ayudarlo a sortear los peligros que acechan en el camino. No descanse hasta no haber encontrado y comprometido a un consejero de este tipo.

(Si no tiene a nadie a mano que pueda cumplir con ese rol, amplíe su campo de búsqueda. Pero . . . ¡no deje de hacerlo!) (Y demuestre su reconocimiento con pequeños y grandes gestos.)

2. Ante todo, pídale a su mentor que sea franco y directo con usted: **que lo alerte cuando se haya pasado de raya . . .** que le diga cuándo está viendo un latoso... que le avise cuando se esté internando en un callejón sin salida, a cien por hora y yendo directamente hacia el paredón que terminará con su recorrido/su carrera.

3. Concierte, religiosamente, una charla telefónica/un almuerzo/una sesión después del trabajo con su mentor. **Manténgalo enganchado con la marcha del proyecto . . .** aunque no esté incluido oficialmente en la cadena de mandos.

20.

Invite a almorzar a un compinche ... una vez por semana.

Las ventas comienzan el Día 1 del Proyecto. Por lo tanto, comience a tender sus redes para conectarse con simpatizantes/apasionados ... ya mismo.

El quid de la cuestión

Sí, por cierto, estamos hablando de "crear" y "reformular" el proyecto en esta primera de las cuatro secciones del libro. Y no cabe duda de que es *su* fuego interior el que manda. Sin embargo, el momento de ir más allá de su gestión individual es ... **AHORA**.

El sabio mentor (ver punto 19) es su caja de resonancia. Pero un Proyecto UAUU es, ante todo, una disciplina de *ventas* (vea más abajo). Y usted necesita —¡desesperadamente *y* desde el vamos!— aliados entusiastas. Con el tiempo, tendrá que ir construyendo una amplia y tupida red de partidarios. Pero el solo hecho de ganar los primeros partidarios lo ayudará a dar forma y afinar sus Capacidades de Venta para su Proyecto UAUU. Verá cómo irá adquiriendo mayor habilidad verbal y se convertirá en un apasionado defensor de Su Bebé.

El hecho es que *todos* los (primeros) partidarios se consiguen de la misma manera. Usted necesita partidarios. Punto. No hace falta que sea un partidiario "famoso"... sino que sea **un** partidario. Cualquier Maldito Partidario.

A DECIR VERDAD, HAY ALGO (GRANDIOSO) EN FAVOR DE LOS RELATIVAMENTE POCO PODEROSOS PARTIDARIOS DE LA PRIMERA HORA: SE SUSCRIBEN A SU CAUSA ÚNICA Y EXCLUSIVAMENTE DEBIDO A SU PASIÓN POR EL PROYECTO.

El "aura de la pasión" —y la habilidad de reclutar aunque sea sólo un aliado apasionado— es lo que importa en esta primera etapa del proyecto.

Así que deje de boicotear su cosecha... tratando de encontrar al "gran hombre"/la "gran mujer". Concentre sus esfuerzos en atraer a gente a la que su proyecto le i-m-p-o-r-t-a. Busque individuos chiflados, empeñosos, obsesivos, y conviértalos en miembros integrantes de su pandilla uni- (¿bi-? ¿tri-?) personal. **Lo antes posible.**

C.P.H./Primer(os), Querido(s) Compinche(s)

1. Identifique a *dos* amigos para hablarles acerca del proyecto...durante la próxima semana. Fije un encuentro para compartir un desayuno/almuerzo con cada uno de ellos. Exponga sus aspiraciones. Déjelos que husmeen el proyecto. Vea si, al menos en forma tentativa, se tientan con el proyecto. Objetivo: ¡Otra reunión! (Ni más... ni menos.)

2. Con ese primer aliado, haga una tormenta de ideas acerca de una lista de posibles candidatos ... gente —en su mayoría sin poder— a la que le gustaría involucrarse en el tema. Establezca un cronograma concreto para contactar, digamos, de cinco a diez personas.

3. Inicie un Archivo Maestro, una Lista de Contactos Formales mediante la cual pueda rastrear, tal como lo haría un vendedor decidido a vender (después de todo, eso es lo que es usted... ¿no?), a la gente que desea involucrar —sea como fuere— en su proyecto. ¡Mantenga esta lista actualizada! ¡Llévela con usted! *¡Obsesiónese con ella!*

4. Nunca —¡jamás!— deje pasar una oportunidad para instruir a un potencial pirata/compinche. Usted está en el negocio de la instrucción. Punto. (Pregúntele a Peter Ueberroth —quien tuvo a su cargo la organización de las Olimpíadas de Los Ángeles en 1984— o a cualquier otro fanático de los proyectos)

SU MANTRA: ¡VIVO PARA INSTRUIR!

20a.

La visión y el consejo de los "Clientes"/de *un* cliente/ de un cliente *extravagante* es integral/imperativo ... ¡desde el vamos!

El quid de la cuestión

Repito: Hemos comenzado "apenas" a formular el proyecto. Pero ... nunca es demasiado temprano para reclutar su primer usuario "real".

¡No! ¡No! ¡No! Mi lenguaje e-s i-n-c-o-r-r-e-c-t-o. Olvídese de eso de "nunca es demasiado temprano". Reemplácelo por: **¡Muy pronto será demasiado tarde para reclutar su primer usuario-real / compinche!** No "un " usuario. Sino un usuario-*pirata*. Es decir, un entusiasta genuino. Satisfaga, deleite, *fascine* a ese usuario pirata y sabrá que va por el buen camino. Y ... en Carrera hacia los Fanáticos Rabiosos antes descritos.

El poder/rédito de esto: (1) credibilidad instantánea: *un* cliente/una persona/un usuario "real" cree en su proyecto; (2) una persona de afuera para testear el proyecto del cual usted ya está enamorado; (3) el comienzo de una amplia y genuina Comunidad-de-Ferviertes-Partidarios. *(P.D.: Esto es aplicable e-x-a-c-t-a-m-e-n-t-e por igual tanto al rediseño interno de un formulario comercial como al diseño de*

una nueva versión de un automóvil de U$S 50.000)
(Beneficio adicional: Un proveedor/pirata/compinche
también es un excelente agregado a su equipo en esa
etapa temprana del proyecto.)

Ese tipo de gente lo ayuda a vender su proyecto . . .
a cimentar su credibilidad . . . y hacer que el-maldito-
proyecto-sea-mejor-y-más-real-y-más-UAUU.

C.P.H./Usuario-Socio Nº 1

1. ¿Para *quién* es su proyecto? Piense en tres o
cuatro primeros/valientes pioneros usuarios en estado
puro. ¡Llámelos! ¡Invítelos a almorzar! ¡Exponga su
sueño! Trate de reclutarlos . . . **para algo** . . . no importa
cuán pequeño sea ese "algo" (por ejemplo, hacer de
anfitrión en una reunión —de tres personas— para otros
posibles futuros usuarios).

2. Ahora vaya a lo "real" *en serio*. Comprometa a ese
usuario para realizar una prueba del primer prototipo
parcial. Y, aunque no tenga algo demasiado concreto
entre manos . . . programe la prueba del prototipo . . .
AHORA. (*Nunca* es demasiado temprano para ir a lo
"real" . . . mientras el usuario sea un simpatizante.)

3. Encargue "oficialmente" al usuario/compinche
que consiga/reclute otros usuarios-pioneros. Hágalo
participar desde el principio de los réditos del proyecto.

4. Establezca formalmente un Consejo del Usuario
(Club de los Rabiosos) . . . A-H-O-R-A. (Repito: Nunca es
demasiado temprano. . . ¡pero pronto será demasiado tarde!)

21.

Además: pinche en la pared una gran hoja de papel blanco en la cual describa los resultados ¡UAUU! / ¡Hermoso! / ¡Revolucionario! / ¡Impactante! / ¡Fanáticos Rabiosos! de su proyecto en curso. (O algo por el estilo.)

El quid de la cuestión
Ésta puede llegar a ser la gran idea de este libro. (¡¿ Y de su vida!?)

(Palabras Solemnes.) Lo instamos *—¡le rogamos!—* **m-e-d-i-r** /**c-u-a-n-t-i-t-a-t-i-v-a-m-e-n-t-e s-u p-r-o-y-e-c-t-o de acuerdo con** nuestros CINCO GRANDES: ¡UAUU! / ¡Hermoso! / ¡Revolucionario! / ¡Impactante! / ¡Fanáticos Rabiosos! Las pautas son las siguientes:

(1) Si usted puede *aspirar* explícitamente a alcanzar esos parámetros ... probablemente logrará generar un UAUU (y los otros cuatro también).

(2) Tiene que pensar … M-E-D-I-C-I-Ó-N. *Todos sabemos lo que este término significa.*

Por lo tanto, hay/puede haber un lenguaje universal que su equipo puede utilizar para determinar y calificar su status: "Esto es un '7' en la **E**scala de **P**royectos **H**ermosos. Estamos yendo en la dirección correcta". O: "Esto es un '3' con respecto a **F**anáticos **R**abiosos. Es hora de reformular y modificar el enfoque de este proyecto, estamos mal encaminados".

(P.D.: Nuestras investigaciones dicen que la gente suele coincidir en los puntajes de las cinco dimensiones, una vez que se ha habituado a hablar en estos términos.)

(3) Usted debería **(¡tiene que hacerlo!)** mantener este conjunto de ideas/criterios … constantemente … delante de las narices de su grupo. De ahí la tarjetita … y la gran hoja de papel blanco en la pared del lugar donde se reúne el equipo.

Como dijo una amiga mía acerca de su proyecto-pasión preferido: *"Quiero que este proyecto sea tan sensacional, desafíe en un grado tal a la 'sabiduría convencional', que me haga reír por lo bajo. Me obligo a recordar esta premisa una docena de veces al día".*

¡Amén! (¿Le parece que agregue una **E**scala de **R**isitas a la serie de criterios arriba mencionados?) (Estoy tentado de hacerlo.)

* * *

Al final, todo se reduce a "Vivir-una-vida-UAUU".

MI MANTRA PERSONAL: ¡LA VIDA ES DEMASIADO CORTA PARA PROYECTOS NO-UAUU!

* * *

No estoy empujando hacia el frente a "mis" cinco palabras/frases con el objeto de excluir a todas las demás. Lo que pasa es que son las que mejor funcionan para mí... y ahora las he visto funcionar para muchísima gente. Pero hay a-l-g-o que sí impulso hacia un primer plano. El jefe de Nintendo le dijo a uno de sus diseñadores de juegos: **"Haga algo grandioso"**. ("Grandioso" es una gran palabra.) David Ogilvy, el "premier" de la publicidad, ordenó a un colega crear un aviso **"inmortal"** para ropa de niños hecha en viyela, una tela inglesa mezcla de lana y algodón. ("Inmortal" es otra palabra genial.) Y hablando de inmortal: El inmortal productor de ballet Sergei Diaghilev, le dijo a uno de sus bailarines: **"Sorpréndanme"**. (¡Tres fuertes "hurra" para "sorprendente" como criterio del proyecto!) La revista *Wallpaper* propuso a una tienda de comestibles para un importante premio al diseño: **"Este nuevo negocio estremece"**. ("Este proyecto estremece" merece mi aprobación explícita.) De modo que ... elija su propio salvaje/creativo/grandioso/inmortal criterio. ¿OK?

C.P.H./Mida de acuerdo con los Cinco Grandes Términos

1. Discuta con sus compañeros de proyecto los cinco "grandes" términos: ¡UAUU! / ¡Hermoso! / ¡Revolucionario! / ¡Impactante! / ¡Fanáticos Rabiosos! ¿Le van bien a usted? (En caso negativo ... elija sus propios CINCO GRANDES ... ¡pero asegúrese de que *cada* palabra/término sea Grande-Audaz! O sea: vea lo antedicho.) Discuta exhaustivamente su listado y el significado de cada palabra/término.

2. Mida su proyecto reestructurado y reformulado de acuerdo con sus i-m-p-a-c-t-a-n-t-e-s criterios. ¡Ya mismo! (Y: reiteradamente.)

3. Confeccione esa tarjeta —**Boceto Nº 1, ya mismo**— con los resultados ¡UAUU!/¡Impactante!/ etc. deseados para su proyecto en curso. Dedique *montones* de tiempo, junto con sus colegas, a encontrar las palabras exactas. (Y ... revise ... revea ... en forma regular.)

INSISTO:
¡PONGA EN MARCHA SU CREATIVIDAD!

El Proyecto50 = 50 puntos. (Más un poco de trampa.) Y acabo de gastar el 42 por ciento de mi moneda (21/50) en el "precalentamiento" ... *inventando* un Proyecto UAUU. Parece algo excesivo, ¿verdad?

Pero no creo que lo sea. Admito que *yo mismo* quedé sorprendido, en un principio, al ver que el simple "inventar" insumía casi la mitad de todo el "material".

Pero luego se me ocurrió que, en realidad, ése-es-el-maldito-sentido-de-todo-esto. Esto —crear el ¡UAUU ! — es, precisamente, lo que ignoramos en la mayoría de los discursos acerca de la generación de proyectos. De hecho ¿cuántos de esos discursos/textos contienen *algo* acerca de la creación del proyecto? (Y ni qué hablar de la "belleza".) Este aspecto —la creación— es algo que se "da por sentado" en los textos tradicionales que tratan el tema.

Mi posición: ¡Todo lo contrario! El proceso de "inventar" un Proyecto UAUU es el elemento más importante. Es crucial para incluir el UAUU en el basamento mismo de un proyecto ... (hermoso) ladrillo a (sensacional, insólito, fabuloso) ladrillo. Tratar de incluir el UAUU a la fuerza en un proyecto que comenzó siendo un chato "Bah!" o un mediocre "OK" o un pasable "Bastante Bueno", resulta condenadamente más difícil que evitar —gracias a una firme base UAUU inicial— el Bah/OK/Bastante Bueno. Espero que —a esta altura— usted esté identificado con esta idea. O, por lo menos, picado por la curiosidad.

* * *

La idea que dio origen a mi último libro, *El Círculo de la Innovación:* Estamos atrapados en un mar de igualdad y similitud, en el peor momento. La calidad, en general, es cada vez mejor. ¡Grandioso! Pero es imposible diferenciar un producto/servicio del otro. Lo que aquí sostengo, en parte: Esa "igualdad" en productos y servicios proviene, por lo general, de empresas en las cuales la mayor parte del trabajo y la mayoría de los proyectos terminan siendo "éxitos mediocres".

* * *

Tengo una voz fuerte. Pero, en realidad, soy un tipo bastante conservador. De modo que yo mismo quedé sorprendido —ante mi actitud— cuando, en un seminario que dicté hace poco, me encontré con que me había subido a una silla. (Nunca lo había hecho.) "¿Cuántos de ustedes trabajan en Sistemas de Información? —grité a la audiencia (se levantaron muchas manos)—. Bien —seguí gritando—, en el Infierno del Dante hay un círculo especial para la gente de Sistemas que no hace UAUU en estos tiempos. Ustedes son los guardianes de las herramientas de esta increíble revolución. Si prefieren utilizarlas de manera no-revolucionaria, de una manera no-UAUU ... entonces han traicionado su fe."

De acuerdo, eso estuvo un poco *fuerte*. Pero lo dije con una amable sonrisa. La cuestión es:

ÉSTA ES LA HORA DE LOS PROYECTOS UAUU. PUNTO.

Y el UAUU comienza con el principio: la fase de la creación.

Ahora ... pasemos al próximo eslabón perdido ...

II. ¡venda!

II. ¿Alguien oyó hablar alguna vez de un capítulo dedicado a las "ventas" en un libro sobre "gerenciamiento de proyectos"?

"Muy pocos", es la respuesta. (¿Nadie?) Y allí radica el problema. Los Proyectos UAUU *tienen* que ser vendidos ... a los integrantes del equipo, a los superiores, a los excéntricos primeros usuarios y, por último, a los clientes-en-general. Aprender a **v-e-n-d-e-r** es una parte grande e importante de la batalla; exige claridad, foco, impulso y fe.

Basta con analizar los Proyectos UAUU del mundo real. Para tres solitarios y apasionados adalides con conciencia cívica decididos a agregar una Sala de Recreación al Centro Comunitario de su ciudad para ser utilizada por los chicos después de clase, el "cronograma" y todos los otros aspectos "obligatorios" del gerenciamiento de proyectos son lo de menos. Para ellos, lo fundamental es: **contagiar su entusiasmo a otros.** Y, con el tiempo, lograr que toda la comunidad baile al mismo son aportando, entre otras cosas, U\$S 250.000. Esto es venta pura ... tal como lo hizo Willy Loman ... o su agente de seguros ... o quienes venden por la calle galletitas a beneficio de las Niñas Exploradoras o cosméticos para una de mis heroínas eternas: Mary Kay.

Bien ... **su Proyecto UAUU es precisamente esa Sala de Recreación.** ¿Quiere decir esto que usted puede pasar por alto los cronogramas y demás elementos de gerenciamiento básicos? ¡Por supuesto que no! Pero sin un trabajo de venta de primera calidad (*y* el UAUU/la Belleza/el Impacto para respaldarlo) ... el cronograma no le va a servir para mucho/n-a-d-a.

* * *

Lo que diferenció a Edison era que, con toda su ilimitada exageración, daba la sensación de que triunfaría. No importaba qué tipo de obstáculos se interpusieran en su camino, él seguiría adelante hasta demolerlos.

—Robert Conot, biógrafo

Una idea realmente novedosa tiene, al principio, *una sola persona* que cree en ella.

—John Masters, cofundador de
Canadian Hunter Exploration, Ltd.

Con el tiempo aprendí que, cuando algo ... se hace, lo hizo por un monomaníaco con una misión.

—Peter Drucker

* * *

Sir Ernest Shackleton. Explorador de la Antártida. Según algunos, el líder más grande de todos los tiempos. Robert Falcon Scott. Explorador de la Antártida. Valiente más allá de toda medida. Sir Ranulph Fiennes. Hombre moderno. El primer aventurero transpolar exitoso. ¡VAYA PERSONAJES! (¡Y ahí sí se puede hablar de Proyectos UAUU!) ¿Alguna vez leyó algún libro acerca de ellos? En caso afirmativo, usted sabrá algo más: voluntaria o involuntariamente, cada uno de ellos fue/se convirtió en un gran vendedor. E, incluso, con un toque de vendedor tramposo. Tanto Scott como Shackleton, por ejemplo, se unieron con retraso a sus expediciones decisivas. ¿Por qué? Porque todavía estaban en casa, en Inglaterra ... vendiendo su proyecto (es decir, reuniendo fondos).

(Para pensarlo.)

22.

Y en una tarjeta de fichero de 12x18 cm.

Vender = Brevedad. Y claridad.

El Promotor del Proyecto a un potencial aliado: "¿Puedo robarle tres [¡dos! ¡un!] minutos de su tiempo?". Porque ... créame ... con la escasez de tiempo que hay en el mundo de hoy, eso es todo lo que va a obtener de quien quiera escucharlo.

De modo que ... REDUZCA SU ARGUMENTO ... a un brillante/UAUU/ breve/excelente argumento de posicionamiento y venta.

El quid de la cuestión

Es la ... venta ... ¡estúpido! Tengo muchos (grandes) problemas con el enfoque normal del gerenciamiento de un proyecto: Por ejemplo: ¿dónde quedan el UAUU/la Belleza/etc.? Pero quizá lo que más me irrita y obsesiona es que todo el proceso, desde la conceptualización hasta la ejecución, nunca es visto como lo que, en esencia, es:

146

Básicamente ... ¡un puro
JUEGO DE V-E-N-T-A-S !

A SABER:

Ventas = C-a-p-t-a-r la atención de los potenciales partidarios.

Ventas = Demostrar progresos tempranos/prácticos.

Ventas = UNA HISTORIA FASCINANTE.

En la película *Amistad*, John Quincy Adams (interpretado por Anthony Hopkins) es asesorado por el ex-esclavo-convertido en abogado-abolicionista Theodore Joadson (interpretado por Morgan Freeman): "Ya desde los inicios de mi carrera como abogado aprendí que siempre gana el que tiene la mejor historia. De modo que... ¿cuál es la suya?".

Veamos ese gran amor suyo ... el futuro Proyecto UAUU, del que piensa sentirse orgulloso dentro de cinco (¿diez?) años. Y arme su "historia"/"argumento" como corresponde. Lo cual significa, primero y principal, sintetizarlo. **Y después, volver a sintetizarlo.** Recuerde que, aun cuando la puerta de la oportunidad esté abierta, también se le puede cerrar en las narices en cualquier momento. Todo el mundo está muy ocupado con su propia vida y si usted no los engancha ... *RÁPIDAMENTE* ... perdió. (Al menos, por el momento.)

En nuestros seminarios sobre Proyectos UAUU explicamos que "Afinar el argumento de venta" es nuestro ejercicio principal ... y nuestros participantes/clientes dicen que es el *más* valioso.

La "afinación" del argumento de venta: A las 7:25 de la mañana usted entra en el ascensor de la torre de 60 pisos a la que usted denomina su hogar (profesional). La Máxima Ejecutiva del Grupo —¡en persona!— entra detrás de usted. Y ...la puerta se cierra. *Ahí la tiene —toda para usted— durante los próximos, digamos, 35 pisos.* Y usted está enamorado ... ¡de su proyecto! Así que ... tiene, póngale, dos (¡¡) minutos para "vendérselo".

Y/entonces:
¿CUAL ES SU **FASCINANTE** ARGUMENTO?

C.P.H./El juego del ascensor

1. Haga una descripción de su proyecto, de (¡máximo!) una página de extensión.

2. Sintetice esta página a cinco puntos que entren en una (*una sola, ¿eh?*) tarjeta de 18 x 18 cm.

3. Prepare —¡y ensaye hasta que las velas ardan!— su "argumento de venta" del ascensor, de no más de dos minutos de duración. Recíteselo a un amigo. A su esposa. Al conductor del taxi.

4. Pula y afine constantemente su "argumento" /los puntos de la tarjeta de 12 x 18, la escena del ascensor: Con los diseñadores gráficos. Con un instructor de oratoria. O sea: tómese la cosa e-n s-e-r-i-o.

* * *

¿CUÁL **ES** SU HISTORIA?

22a.

El "argumento de venta" —y cada uno de los aspectos del proyecto— funciona mejor si hay una imagen/un tema/un gancho atractivo que haga que toda la cosa vibre y resuene de vitalidad.

Es decir: Una metáfora provocativa, fuerte, indeleble = lo máximo en comunicación UAUU. Sugerencia: ¡bien vale la pena invertir días de su precioso tiempo en esto!

El quid de la cuestión

Vender es una actividad desprolija. Vender significa que a uno le cierren las puertas en las narices. Entonces... ¿a qué viene esta historia de las metáforas (la abstracción máxima)? Respuesta: una metáfora atractiva es la "historia" (ver arriba) destilada —¡enfatizada!— y transformada en figura/imagen de cinco-palabras-o-menos. *(Piense en la metáfora como en el cartelito autoadhesivo de la ventanilla trasera del Proyecto UAUU!)*

He trabajado en unos cuantos proyectos importantes. Y siempre llega un momento en que me doy cuenta (y eso que no soy un "tipo de publicidad") de que una metáfora/imagen sucinta ... sincera ... vale más que mil palabras.

Una vez que me di cuenta de eso, me convertí en un fanático poseído. Y ahora *exijo* (en la medida limitada en que puedo hacerlo) que cualquier equipo de proyecto con el que esté trabajando invierta un montón de tiempo en "la metáfora".

¿Somos el equivalente de "*Just do it*"? o "*We try harder*"? O ... ¿una banda de piratas? O ... ¿dos enamorados con estrellitas en los ojos en la proa de un inmenso transatlántico? (¡*Titanic* fue un Proyecto UAUU en serio!) O ... ¿renegados en marcha? ¿O ... o...?

Es posible que no se le ocurra la "imagen perfecta"; ni siquiera las grandes agencias de publicidad lo logran siempre. Pero la búsqueda de la figura/ imagen/metáfora correcta es ya un importante paso hacia adelante. Concentra el pensamiento. Enfatiza la focalización de la atención en la venta. Inyecta la vitalidad de la imaginería en el pensamiento rutinario suyo y de su equipo.

Así que ... ¡confíe en mí y, por lo menos, inténtelo!

C.P.H./El poder de la metáfora-imagen

1. Bien, intente (usted solo, por empezar) a reducir su proyecto a una metáfora/imagen: "Facturas seductoras", "Una política de licencia por enfermedad que diga 'Nos preocupa'", "Socios-en-la compra". Lo que sea. (Estos ejemplos son bastante aburridos. Estoy seguro de que *a usted* se le van a ocurrir cosas mucho mejores. ¿Verdad?) (Sugerencia: Nos hemos pasado *meses* hasta dar con el **!** como símbolo de nuestro "Movimiento anti-Dilbert". Ver página 267.)

2. Trabaje para incrementar su concienciación: ¡Coleccione metáforas! En el transcurso de las próximas semanas, recorte y archive varias docenas de avisos publicitarios de diarios/revistas que tengan slogans o imágenes impactantes, sensacionales y creativas. Guárdelos en una carpeta. Cuando llegue el momento de trabajar con su equipo sobre la imagen/metáfora para su proyecto, utilice esos avisos (etc.) como disparadores de ideas. Quizá fuera una buena idea recurrir a un redactor publicitario de alguna agencia local para que, en base a un honorario, trabaje con ustedes en este tema. (No hace falta que gaste millones en el Mejor del Mundo. Cualquier ciudad mediana tiene al menos un puñado de pequeñas agencias creativas.)

3. Muestre —¡con total desfachatez!— su metáfora/imagen a todo tipo de personas ... en los próximos tres días. (Una cosa que le indicará la fuerza de la idea de su figura/imagen/metáfora es: *Todo el mundo* opina sobre ella ... lo cual significa que, de alguna manera, usted logró c-o-n-e-c-t-a-r-s-e con ellos ... ¡que es lo que quería lograr!)

4. Agende una "reunión para buscar metáforas" para dentro de los próximos 10 días ... a la que deberían asistir todos los integrantes importantes del proyecto. Trabaje —todo un día, de ser necesario— en esa imagen/slogan/figura/metáfora. **(Sin hacer otra cosa que eso.)**

5. *¡No descanse!* Revise la imagen/figura/metáfora cada tantas semanas. No tema pulir/completar/descartar su metáfora. Su proyecto es un UAUU-en-evolución. Lo último que necesita es una metáfora tallada en piedra. Enganche más (¡y más!) (¡y *más!*) gente en la búsqueda-de-la-metáfora-perfecta. A saber:

¡Esto es Usted!
¡Ésta es la máxima expresión del carácter · de su proyecto!

Ésta *es* la máxima síntesis/argumento de venta.

Rocha y Asociados
Formadores de lanzadores de estrellas

23.

En el Punto 22 hemos focalizado la atención en vender El Pez Gordo. Es importante. Pero quizá ni siquiera sea la prioridad N°1 del tema "ventas".

El quid de la cuestión

La venta —y la medida de la efectividad del juego del ascensor— tiene que ver, al principio, con su habilidad para estimular a sus partidarios de la primera hora. Por lo tanto, *El Argumento de Venta* debería estar dirigido ante todo a sus pares y no a los grandes capos. La realidad es que, probablemente, le llevará todavía un tiempo antes de que pueda hacer una presentación para la presidenta de la empresa (o que quiera hacerla).

Uno de los principales errores que suelen cometer los promotores apasionados de un proyecto es presentarlo "en las altas esferas" demasiado pronto.

La mejor idea es tomar la idea candente . . . **y ver si se la puede vender a c-u-a-l-q-u-i-e-r-a** . . . probarla . . . una y otra vez . . . y afinarla en cada una de esas pruebas . . . hasta que . . . sea filosa como una navaja . . . y no tenga más baches ni huecos.

Es decir, que queremos construir una infraestructura sólida y generar el comienzo de una marejada de fondo antes de incursionar en la agenda del Pez Gordo de la empresa. De ahí que el énfasis inicial de nuestro esfuerzo de venta deberá ser puesto en aquellas personas que nos puedan ayudar a dar el próximo paso hacia adelante ... y no en conquistar el favor del Gran Jefe. Otra ventaja: Es muy probable que los capos de arriba empiecen a oír el zumbido de abajo ... y así ... cuando usted finalmente les presente su (probado, ensayado, filoso e impecable) argumento de venta ... ya se haya ido formando la marejada de fondo y "ellos" se muestren más receptivos.

(Regla N° 1: Los promotores inteligentes de un proyecto mantienen a raya a los jefes hasta que llegue el momento propicio. Lo paradójico es que esto vale sobre todo si las cosas están yendo bien: no queremos que nadie se meta en nuestro Proyecto hasta que no estemos realmente preparados y dispuestos para ello.)

C.P.H./ ¡Véndaselo primero a sus pares!

1. Ahora ... transforme "el juego del ascensor" (Punto N°22) en "el argumento de ventas del corredor", dirigido a sus pares.

2. Practique. Con cualquiera. Con todo el mundo.

3. Grábelo. En cinta magnetofónica. En vídeo. Vuelva a escucharlo/verlo. ¿Qué cosas están bien? ¿En qué falla? ¿Se lo puede vender a *usted* mismo?

4. Así que ... ya sabe:

vaya y venda.

24.

ESCUCHE: VIDA DEL PROYECTO UAUU =
VENTAS. ¿CORRECTO? ENTONCES . . .
TRATE, CONSCIENTEMENTE,
DE QUE LA GENTE HABLE DE SU
PROYECTO. HÁGASE VISIBLE Y
PERMANEZCA VISIBLE.

Haga confeccionar remeras para sus compañeros de equipo cuando los hitos se han alcanzado ("la Pandilla-24-horas". . . etc.) O prendedores de solapa para alguna próxima presentación ("El equipo UAUU") . . . o . . . lo que sea.

El quid de la cuestión

Un argumento de marketing (argumento de venta) que funciona tiene que ver con lo ineludible, lo irresistible: "Éste es **el** proyecto sensacional (¡UAUU!)!" "¡Aquí estamos haciendo **cosas bárbaras en serio**!"

"Ineludible" e "irresistible" son el producto de nuestro duro trabajo. Por ejemplo, un esfuerzo consciente para "causar revuelo" y "generar murmullos" acerca de nuestro cada vez más UAUUizado Proyecto.

Hay miles de herramientas para ello. (Y si no, pregúntele a Avon o a Tupperware o a Amway.) Tenemos las remeras. (Equipo ¡UAUU! / Equipo Sensacional/Piratas de Compras / etc.) Y los jarritos. Y los prendedores. Y los gorros. Y las lapiceras. Si no pasa nada ... las remeras y los jarros tampoco servirán de mucho. Pero si es en verdad un Gran Negocio, exhibir la "polenta" de su equipo es una táctica de ventas/marketing impagable ... y ni qué hablar de cómo levanta la moral.

C.P.H./Fuerza y potencia planificada

1. Focalice su atención —conscientemente— en el humor, la furia, la energía, la fuerza, el brío, el impulso. ¿Qué actividades específicas de "marketing" / "ventas" / "murmullos de admiración" (internas o externas) ha protagonizado usted ... *en las últimas* **48** *horas* ?

2. ¡Haga aparecer las remeras (prendedores, camperas, etc.)! Al menos una vez por semana, haga algo —concreto— que lleve la atención hacia/"publicite"/enfatice el proyecto ... y sus hitos/primeros clientes/nuevos colaboradores.

3. Inicie la tradición del "e-mail de-las-dos-de-la-tarde-del-viernes (*"El ¡UAUU! Semanal"*) que llegue a todos los que están involucrados de modo periférico en su proyecto.

25.

Discuta su proyecto en todas partes. (¡Los auténticos promotores de un Proyecto UAUU nunca consideran que un público es demasiado reducido!) Presente su proyecto a un público cada vez más amplio. *Haga concesiones*: Tenga en cuenta las preocupaciones de la comunidad. NO AFLOJE EN LO QUE SE REFIERE A SU SUEÑO. Sepa cuándo avanzar. *Y* cuándo retroceder con elegancia. Pero ... NUNCA ... JAMÁS deje de Hacer Sociales.

El quid de la cuestión

Usted está muy ocupado. Su lista de "cosas para hacer" es kilométrica. Cinco de las tareas básicas ya están atrasadas, según el cronograma. Un miembro clave de su equipo amenaza con renunciar. Es decir: La Última Maldita Cosa para la cual usted tiene tiempo es para ... almorzar con ese tipo que aquel otro tipo le recomendó ... "que podría resultarle interesante conocer".

Aasiiiií queee: ¡*Vaya a almorzar con ese tipo!*

Es decir: *Nunca —¡jamás!— descuide "hacer sociales".* Los Proyectos UAUU se nutren a partir de una red de

157

partidarios en constante crecimiento. Usted —¡siempre!— tiene que estar de humor para "buscar contactos". Sin duda ... sus obligaciones "principales"/operativas podrían absorber la energía de todo un pelotón. No importa. Busque tiempo para "*hacer sociales*". Eso se llama política ... Construir Puentes ... Forjar Alianzas ... Hacer Amigos ... Neutralizar enemigos. Es lo que se llama ¡el éxito del Proyecto UAUU!

Apéndice: los partidarios potenciales o a largo plazo son casi tan buenos como los que ya se ha asegurado. **Cualquier "público" —de una o más personas— constituye una oportunidad única para hacer proselitismo.** Para contarle su historia a alguien que aún no la conoce. Quizás esta relación en particular no llegue muy lejos. Pero ... un *amigo* de este tipo podría llegar a oír su historia ... y entusiasmarse ... y darle una mano ... o $$$$.

C.P.H./¡La manía de hacer sociales!

1. Confeccione un Listado de por lo menos **25** potenciales partidarios. Haga que todos los integrantes de su equipo contribuyan en la elaboración de esa lista. Léasela, hable con amigos y conocidos: reúna (muchos) datos acerca de cada uno de esos 25. Es decir, HAGA "INVESTIGACIÓN SOCIAL" ... ¡M-E-T-I-C-U-L-O-S-A-M-E-N-T-E! (ver "*MacKay 66*" de Harvey MacKay en *Swim with the Sharks Without Being Eaten Alive* (Nade con los tiburones sin que se lo coman vivo). (Este cuestionario es una guía incomparable de lo que usted debería saber cuando intenta reclutar/venderle a alguien ... cualquier cosa.)

2. Agende un almuerzo —**¡llame ya mismo!**— con **un** potencial aliado de su "Lista25".

¡Siga llamando a potenciales partidarios hasta tener, por lo menos, tres almuerzos agendados para las próximas dos o tres semanas!

3. Pregunte a sus amigos a qué Gente Sensacional debería hablarle de su proyecto. Pídales si puede llamar a esa gente —enviar un e-mail— para que lo presenten. Vaya armando un listado de "Relaciones futuras"/"Relaciones-en-stand-by".

4. —¡Trabaje en ese **listado!** ¡Todos los días! ¡Sin descanso!

26.

No importa si se unieron a su causa desde la primera hora . . . o más adelante. Un aliado es un aliado. Punto. Eso se llama Pragmatismo. Se llama Resultados. Se llama Vender el Revolucionario UAUU.

Reciba con los brazos (sinceramente) abiertos a ese amigo o amiga que llega tarde. Por supuesto, sus osados partidarios del comienzo tendrán siempre un sitio especial en su corazón. Pero . . . si algún viejo H. P. . . . que no le daba ni la hora . . . puede ser convencido de que se una a su grupo y contribuya a su futuro triunfo . . . ¡acéptelo! (P.D. Éste es uno de los secretos de Bill Clinton. ¿Lo recusan e impugnan? Bien. De todos modos, no deja de seguir trabajando con ellos, porque está en juego su legado.)

El quid de la cuestión

Usted siente afecto y simpatía por quienes lo apoyaron de entrada. Y les tiene bastante bronca a los detractores que lo miraban con desprecio.

Está bien. Es normal.

Pero ... ahora ... ya mucha gente está hablando del proyecto. Y uno de sus anteriores detractores —olvidado, al parecer, de su pasado— lo llama por teléfono y le dice que le "encantaría hablar con usted sobre su proyecto. ¿Tiene tiempo para ir a almorzar con él?".

Respuesta: *¡Ya lo creo que tiene tiempo!* (¡Y aceptará gustoso!)

Un aliado es un aliado. **¡Punto!** Por supuesto que amará más a quienes se jugaron por usted desde el principio. Pero, a medida que avance el tiempo (y el proyecto), usted necesitará de una colectividad cada vez más amplia, más "normal"/acabada. **Punto.** Así que perdone (aunque no pueda olvidar) y déles la bienvenida a esos rezagados/antiguos detractores y recíbalos como el padre que abraza al hijo pródigo.

C.P.H./Ame a los rezagados

1. Seis meses después de iniciado su proyecto y luego de haber acumulado ya algunos éxitos, vuelva la otra mejilla y tome la iniciativa: Llame a tres o cuatro personas de ésas que lo rechazaron en los comienzos del proyecto. Haga borrón y cuenta nueva. Sepa perdonar (dígales que "cualquiera en su sano juicio se habría mostrado escéptico seis meses atrás") ... e invítelos a almorzar ... o a una reunión. Vaya preparado: tenga sugerencias específicas acerca de cómo pueden ayudar/participar, al principio quizá con aportes relativamente pequeños. (Atrápelos ... definitivamente. Ésa es la estratagema.)

2. Invite a uno de esos escépticos a que integren su Consejo de Asesores. **Un escéptico-convertido-en-asesor-visible (es decir, en un "regenerado") es una poderosa señal para los demás de que la "opinión pública" le está prestando alguna atención.** También lo eleva a usted por encima de cualquier mezquindad y lo señala como una persona íntegra/de carácter/con altura, capaz de conseguir el apoyo de gente de todos los niveles.

3. Repita ese ejercicio cada tantas semanas.

PARA SIEMPRE.

27.

Nunca piense que sus partidarios lo seguirán a ciegas. Manténgalos informados. Pídales retroalimentación acerca de cualquier cosa y todas las cosas.

Es decir: ¡MANTÉNGALOS FUNCIONANDO!
¡ÚSELOS!

El quid de la cuestión

Resulta muuuuuy fácil creer que sus seguidores lo son a ultranza, algo que siempre ha estado y siempre estará. ¡Vamos! ¡Después de todo, son mis partidarios —dirá usted—. Ellos me apoyan. Entienden la cosa.

No. No. No. No. No.

Mantener a los seguidores funcionando/ "en onda"/ comprometidos, es un trabajo duro que insume su tiempo ... y que *vale la pena* hacerlo. (Y me quedo corto.)

Si bien es cierto que los seguidores probablemente "entienden", es preciso dedicarles **m-u-c-h-a** atención, tenerlos al tanto y pedirles ayuda. Recuerde: nadie tiene por el proyecto la pasión que tiene usted; salvo, quizás, el núcleo inicial de su banda de piratas. El interés de terceros puede llegar a atrofiarse e, incluso, (resentidos por ser ignorados) agriarse. De modo que ... *una y otra y otra vez... y otra vez más... usted tiene que encontrar la forma de re-enganchar, a sus partidarios naturales. Repito: Piense políticamente. ¡Proteja su base!*

C.P.H./Seguidores, Mantenimiento de los

1. ¡Confeccione un plan!

EL MANTENIMIENTO DE LOS SEGUIDORES NO ES UNA TAREA QUE SE PUEDA REALIZAR "A LA QUE TE CRIASTE". ES UN "MANTENIMIENTO ESTRATÉGICO DE LAS RELACIONES".

Y, por consiguiente, exige un plan estratégico ... digno del valor de sus partidarios ... que, de hecho, valen su peso en oro. (O algo mucho más valioso.)

2. ¿Quiénes son en verdad sus partidarios? Comience por llevar un cuidadoso registro de los mismos. (Quizá le sea útil un software bueno pero simple para el manejo de una base de datos. Pero un sistema de tarjetas de archivo —¡papel!— también puede andar muy bien ... incluso en ... El Nuevo Milenio.) Sepa todo lo que pueda acerca de cada aliado. Siga agregando datos a la base de datos. *R-e-l-i-g-i-o-s-a-m-e-n-t-e.*

3. Desarrolle programas que impulsen la comunicación —e-mail, fax, mailings— para mantener actualizados a sus partidarios. Considere la posibilidad de enviar, en forma regular, un e-mail/fax/ memo "circular" en el cual resuma los principales hitos del proyecto alcanzados en la semana que finaliza y los planes para la semana entrante. Sea sintético, ameno (cuente alguna anécdota) y *solicite retroalimentación*. (Por e-mail). (Que alguien no piense que es apenas un nombre en una lista de direcciones.)

4. Planifique una serie de Eventos Especiales. Algunos serán importantes: preestrenos sorpresa, banderas y globos incluidos. Otros serán pequeños: almuerzos informales, en forma de "mesa redonda", con cuatro o cinco partidarios clave.

5. Cree un **"Programa de gerenciamiento de partidarios"**. Designe a un miembro de su equipo "compinche" de cada aliado clave:
Es su (c-l-a-r-a) (y controlada) responsabilidad hacer que ese aliado clave se sienta parte del equipo.

6. Trabaje para crear una sensación de exclusividad/pertenencia-*real*. Ofrezca a sus seguidores críticos, por ejemplo, Sesiones Especiales de Información de Novedades o de Retroalimentación a la que no accede todo el mundo. Bríndeles la sensación de ser co-diseñadores del proyecto.

7. Incluya el "Gerenciamiento Estratégico de Partidarios" en el temario de su Revisión Semanal Operativa. Es decir, integre el Gerenciamiento Estratégico de Partidarios en la "cultura"/"sistema empresarial" del proyecto.

* * *

SUGERENCIA: Ésta es una de las tareas clave en las que el equipo de gerenciamiento del proyecto

suele fallar. (Están demasiado ocupados con lo "esencial".) La única solución: ¡HAY QUE GERENCIARLO Y BASTA!

* * *

¡SE TRATA DE LOS PARTIDARIOS, ESTÚPIDO! Fecha: 2 de noviembre de 1998. *San Jose Mercury News,* Página 1-A: "Resultaba lógico encontrar, los domingos, a Gray Davis [candidato a gobernador de California] y a la Senadora Nacional Barbara Boxer en iglesias y centros comunitarios de gente de color. Es allí adonde los Demócratas suelen ir el domingo previo a una elección para reclutar a sus votantes más leales". (P.D. Ambos ganaron por amplio margen. Se lo digo una vez más: Trate bien a su b-a-s-e, esa gente lo merece... y usted la *necesita.* Es decir: Necesita su fuerte y visible apoyo.)

* * *

¡Se trata de los partidarios, estúpido!

28.

¡Rodéelos! ¡Margínelos! ¡Olvídelos!

El quid de la cuestión

Hasta ahora hemos focalizado nuestra atención en los amigos. En cómo encontrarlos. En cómo demostrarles nuestro afecto. Pero ¿qué pasa con los enemigos? (Todo programa de cambio que valga la pena —es decir, los Proyectos UAUU— los tienen.)

Siempre detesté la literatura empresarial referida a "superar la resistencia al cambio". ¿Por qué? Porque no creo que ésa sea la forma en que los *verdaderos* agentes del cambio —por ejemplo, los organizadores de comunidades, los líderes empresariales, los políticos, las artes — funcionen.

No tratan de "superar las objeciones". En cambio, siguen la estrategia que un amigo mío (un exitoso administrador de Cleveland, involucrado en el renacimiento de esa ciudad) denomina "rodear y marginar".

Quienes planifican revueltas masivas ... o la legalización de un sindicato ... o son misioneros de una religión determinada ... planifican de acuerdo con una regla básica: *Comience por los potenciales adherentes incondicionales; siga con los tipos tibios pero susceptibles de ser atraídos; olvide a sus enemigos hasta que usted (su proyecto) se haga "ineludible ... y sólo e-n-t-o-n-c-e-s cubra a los herejes con un manto de bondad y déles la tardía bienvenida al redil.*

Los agentes de cambio más eficientes ignoran las púas y los dardos. Construyen... y construyen... y construyen. **Y después siguen** c-o-n-s-t-r-u-y-e-n-d-o. Dedican su tiempo a partidarios y potenciales partidarios. (Punto.) Si lo hacen bien, los partidarios se convierten en la opinión generalizada y, con el tiempo, "el enemigo" se transforma en una isla.

Hay una tendencia normal y humana a "agarrárselas" (o, peor aún, a "agarrárselas públicamente") con alguien que se nos opone. Sobre todo si el detractor, a su vez, también hizo pública su oposición. Pero ... ¡qué espantosa pérdida de tiempo, energía y recursos! **La** pérdida de tiempo, energía y recursos más absurda que conozco. Y, sobre todo, es una enorme pérdida de nuestro más importante recurso ... nuestro capital emocional.

Y por si esto fuera poco, atacar a los enemigos puede, sin ninguna necesidad (1) distanciarlo de amigos de su "enemigo" que, en principio, *no* están en contra de su proyecto; y (2) ganarse el rótulo de "tipo jodido que merece que lo pateen".

Claro que la competencia es la sal de la vida. "Ganar" es uno de los mayores motivadores que existen. Y también es trágico pero cierto —más para los tipos cargados de testosterona que para las mujeres— que parte de la motivación consiste en que ¡"el otro tipo" pierda! Si bien apoyo la motivación que implica un potencial triunfo sobre las fuerzas de la reacción (por ejemplo, la corporativa), sigo sosteniendo que combatir a los enemigos es una estúpida pérdida de tiempo. Está usted leyendo palabras escritas por un tipo apasionado [yo], cuya lengua siempre está ensangrentada de tantas veces que me la tuve que morder … después de haber decidido no recoger el guante o no contestar a una observación particularmente irónica y malévola. (Pero, una vez que la situación pasó, vaya a un bar con sus compinches de la primera hora … y olvídese de los Infieles.)

C.P.H./¡Ignora a tus enemigos!

1. Dedique su escaso tiempo a reclutar más a-l-i-a-d-o-s … y no se obsesione con "ganar puntos" durante esa presentación ante alguien que, evidentemente, no lo apoya. De todos modos, no logrará convencerlo … al menos a esta altura del proyecto.

2. Trabaje con ese asesor/consejero sabio (ver punto N° 19). Pase (montones de tiempo con él/ella. Probablemente lo ayudará (un montón) en esto: Es decir, lo ayudará a evitar que su ira contra sus "enemigos" convierta el proyecto en una vendetta siciliana … lo cual destruirá (rápidamente) su (duramente ganada, creciente, frágil) credibilidad. **Las venganzas no son nada gratas a los ojos del observador neutral … y esos "tiros de venganza" tienen la mala costumbre de "salir por la culata" para ambas partes.** Por

lo general, la ira es una emoción sumamente destructiva
... y un motivador muy traicionero. El UAUU funciona
mucho mejor cuando proviene de un lugar positivo:
Usted está creando algo sensacional, ¡qué tanto! Que se
vayan a la mierda (equivalente de "olvídelos") si no son capaces de verlo, apreciarlo y unirse a su Proyecto UAUU.

¡Las (hormigas) antagonistas desperdician una energía preciosa!

"Los 'buenos de la película' realmente salen ganando, al menos en el mundo de las hormigas", dijeron los investigadores la semana pasada.

Miembros de un equipo de la Universidad de California-San Diego de La Jolla anunciaron que habían descubierto que las hormigas pacíficas son más prósperas y viven más tiempo que sus vecinas belicosas.

Parecería que hacer la guerra y custodiar el territorio lleva a desperdiciar tiempo y recursos que pueden ser mejor empleados para tener bebés y encontrar alimento, informaron David Holway y sus colegas de la revista Science.

—*The San Jose Mercury News,*
3 de noviembre de 1998

29.

Esto es algo obligatorio para grandes proyectos (o tirando a grandes) ... y una buena idea para todas las actividades, salvo las más pequeñas.

El Consejo Asesor añade credibilidad y se convierte en un equipo de ventas en sí mismo.

Un Consejo integrado por tres personas puede andar bien, pero al llegar a una determinada etapa, la cantidad de integrantes podría llegar a docenas cuando usted intente ... Vender el Mundo.

El quid de la cuestión

Ésta es una derivación de la idea de los partidarios. Recuerde: en esta sección estamos hablando de "ventas". Y una/la clave de la venta es la credibilidad/establecer una marca . Y un Consejo Asesor "ficha azul", es decir, de primera línea, puede ayudar ...

¡un montón!

Digamos, por ejemplo, que usted recibe una circular de un grupo que no conoce, solicitando dinero. Suponiendo que no la tiró automáticamente a la basura, una de las primeras cosas que es probable que haga —yo lo hago siempre— es mirar el margen izquierdo del membrete ... donde siempre se encuentra la nómina del Consejo Directivo/Consejo Asesor. En la mayoría de los casos, si encuentra nombres familiares o personalidades interesantes o destacadas en su campo, por lo menos leerá la carta.

En síntesis: *Somos tan buenos como lo son nuestros asociados. O, más exactamente:*

¡Se nos percibe tan buenos como lo son quienes estén dispuestos a asociarse públicamente con nosotros!

Si todo esto suena como consejos dirigidos a quienes están juntando fondos para un Centro Comunitario, lo es. (Por supuesto.) Pero también vale, quizá con un poco más de informalidad, para quienes buscan apoyo para remozar un sistema comercial dentro de la división de una empresa.

Si tenemos entre manos algo realmente "sensacional" —es decir, algo que haga polvo los tableros tradicionales— necesitamos la cobertura del establishment. La buena noticia en esto: hasta "el establishment" tiene algunos (al menos semi-) excéntricos (o simpatizantes de excéntricos) que podrían estar dispuestos a colgar sus echarpes de cachemira al lado de nuestros mugrientos gorros de béisbol.

Puede ser que, en el caso del proceso de revisión de una división, usted no haga figurar la nómina del Consejo Asesor en el membrete. Pero reúnalos ocasionalmente —en forma visible—, manténgalos dentro del circuito y utilice sus nombres frente a otros que necesiten saber que usted tiene ... **Partidarios de Peso que lo apoyan** ... antes de unirse a su proyecto. Incluso en el caso de un proceso de revisión interna, llegado el momento se beneficiará si formaliza el proceso de asesoramiento. Es decir: pregúnteles a quienes lo apoyan dentro del establishment si están de acuerdo con que usted los cite como su Grupo Asesor, o su Consejo de Ancianos Sabios, o Los Ángeles del Proyecto, o lo que fuere.

En proyectos más grandes, este proceso puede ser más elaborado. Podrá comenzar con un muy pequeño grupo de asesores, muy "ficha azul" y exclusivo ... y, gradualmente, ir constituyendo un listado de asesores formales que, aunque sean un equipo de segunda división, sumen docenas ... y hasta centenares. Repito: los asesores son su Marca de Garantía/Certificación/Sello de Aprobación del establishment.

C.P.H./El poder de los asesores "ficha azul" (de primera)

1. Desde el inicio del proyecto ... comience a reclutar una pequeña cantidad de partidarios ficha azul/integrantes del establishment. Si su agenda de direcciones carece de ese tipo de personalidades, pregunte a sus amigos quiénes son los amigos de ellos. Por lo general, esos asesores de la etapa temprana del proyecto no serán, digamos, altos ejecutivos de la empresa ... sino "personas sensacionales", muy conocidas y admiradas por su espíritu pionero. Comprometa a esos potenciales "asesores" en el proceso de definición del proyecto.

En una palabra, ¡halague! ¡seduzca!

2. Formalice —con "f" minúscula o "F" mayúscula— el procedimiento del Consejo Asesor/Grupo Asesor/Ángeles del Proyecto. Pregunte a tres o cuatro de sus Conversos Creíbles si estarían dispuestos a "actuar" informalmente (o formalmente) como Consejo Asesor/Grupo de Referencia. Es la etapa en que usted debería formalizar también la utilización de, y la comunicación con, el Grupo Asesor: Asegúrese de que sus integrantes reciban regularmente informes (e-mail, etc.) y/o sean invitados a participar de reuniones bimestrales o trimestrales.

3. Al principio, el Consejo estará integrado por partidarios acérrimos que lo aman y aman su causa. Con el tiempo, amplíe este Consejo incluyendo a representantes cuidadosamente elegidos de áreas clave —por ejemplo, el departamento de Finanzas— que estarán comprometidos en gran escala en la ejecución y desarrollo del proyecto. (*Promemoria:* Fiel a lo recomendado más arriba, cuando se dirija, por ejemplo, a Finanzas, busque a un rebelde dentro del área que esté dispuesto a trabajar activamente con usted ... No siempre tiene que ser una persona formalmente "poderosa".)

4. Una vez que haya establecido su Consejo Asesor, deberá dedicar tiempo a cuidarlo y criarlo.

ES UN TIEMPO QUE **PUEDE (¡TIENE!)** QUE INVERTIR ... POR MÁS "OCUPADO" QUE ESTÉ CON LA "ESENCIA" DEL PROYECTO.

(Sugerencia: ¡Esto sí es esencial! Tiene que ganar apoyo creíble y, sobre todo, que se vea.)

5. ¡No le oculte nada a su Consejo Asesor! Estos Guardianes de la Credibilidad pueden ser de gran ayuda cuando sufra algún revés. (Cosa que le sucederá ... regularmente.) Pero es mucho menos probable que sus Asesores corran en su ayuda ... si les ha ocultado problemas, ya sean técnicos, financieros o con el personal. (Y me quedo corto.)

30.

Al arrancar con un proyecto, uno se esfuerza por no vender el 50 por ciento de la empresa ... desde temprano ... por monedas. Lo mismo sucede en el mundo del Proyecto UAUU. Usted no debe vender su alma/independencia demasiado pronto. ¿La alternativa? *¡Aprenda a llevar una existencia de supervivencia!* Es decir: *¡SEA AMARRETE!* Pida prestadas algunas computadoras aquí, un espacio de trabajo allí, por un mes o dos (¡o diez!). Haga sus primeros prototipos (ver más adelante) con el menor gasto posible.

El quid de la cuestión

Esto no es chiste: EL DINERO (demasiado temprano, demasiada cantidad) MATA LA INICIATIVA + LA INDEPENDENCIA.

Hay muchos aspectos que hacen que la mentalidad del amarrete/austero sea recomendable en estos casos. Por ejemplo:

* Se verá obligado a darse prisa para lograr resultados demostrables (¡nada de desperdiciar recursos!)
* Puede elegir sus propios partidarios, sobre todo

excéntricos y renegados (porque —básicamente— no le debe nada a nadie).

* Puede inventar el proyecto a su manera.
* Puede soñar en grande **(G-R-A-N-D-E).**
* Cuando haya concluido el 25 por ciento de su proyecto, puede tirar todo al diablo y empezar de nuevo, si le resulta necesario. (Lo cual es poco menos que imposible si usted depende de alguien.)

Mi más exitoso proyecto a nivel Empresa, en McKinsey & Co., se benefició grandemente por: 1) tener asignados *pocos* fondos, 2) estar *lejos* de la casa matriz (Nueva York), 3) tener la fortuna de que hubiera *bajas expectativas* con respecto a su rentabilidad. Esto nos liberaba/motivaba para: 1) tratar de alcanzar la luna, y 2) reclutar partidarios sensacionales, creativos y audaces pero, básicamente, con poco poder.

Estoy convencido de que la mentalidad "de amarrete" agudiza enormemente la capacidad creativa del individuo. Como no hay posibilidad de enchapar las cosas en oro … no queda otro remedio que ir a la (simple/básica) esencia de la cuestión. Además, el dinero engendra laxitud, largos almuerzos, una mentalidad menos concentrada en la línea de acción. En una palabra, convoca a los principales asesinos del UAUU.

Es un poco paradójico: una financiación reducida significa 1) que hay que producir rápidamente con recursos limitados, y 2) que usted tiene la libertad de s-o-ñ-a-r en forma irrestricta precisamente porque no (!) está obligado con nadie.

La cosa es muy simple: de acuerdo con mi experiencia, los proyectos que nadan en plata siempre están, ya no bajo la lupa sino bajo el microscopio electrónico del establishment...y casi siempre producen resultados sin riesgo alguno. Si bien los proyectos escasos de fondos no siempre resultan una gran proeza creativa ...casi todas las grandes proezas creativas comienzan con un proyecto escaso de fondos. ¡Vaya pensándolo!

C.P.H./¡Regatea, bebé, regatea!

1. Usted creerá que estoy chiflado. Pero ... **de veras** ... escuche a los maestros a quienes yo escuché: tenga mucho cuidado con las ataduras que acompañan a los fondos generosos al comienzo de un proyecto. (Esas ataduras *están ahí*... ¡por más que el generoso donante diga que no!)

2. Rejunte sus recursos (personal, espacio, herramientas) reclutando Patrocinadores Apasionados ... **a menudo no-poderosos** ... *que estén locamente-enamorados de su proyecto. (Amor/compromiso/pasión vale mucho más que dinero ... en la etapa temprana de un proyecto ... y, por lo general, también más adelante.)*

3. Evite cualquiera y toda manifestación de ostentación. No hay nada más desagradable que esos "revolucionarios" que viven a cuerpo de rey; usted debería transmitir el espíritu y la imagen de ser el mejor del mundo... en túnica de penitente.

4. Inculque la "cultura del regateo" entre sus compañeros de equipo. Busque voluntarios sensacionales. Consiga lugares de trabajo baratos. Recurra a la creación rápida de prototipos a partir de rezagos (ver más adelante y también nuestro futuro libro sobre el tema).

5. Procure observar las siguientes "Leyes del amarrete":

* ¡Los revolucionarios vuelan en tercera clase!
* ¡Viva "gasolero"/con poca plata! ¡Sueñe en grande!
* ¡Cuestione la autoridad! ¡No se venda! ¡No queremos su sucio dinero! *(Todavía.)*
* Contrate a gente "sensacional". Ignore al "poderoso".
* ¡Regatea, bebé, regatea!
* ¡Recurra a la creación rápida de prototipos para alcanzar la gloria!
* ¡Todo lo que "lleva un mes" puede hacerse en dos días!

UN PANORAMA MÁS AMPLIO:
EL PROYECTO UAUU "OBTENCIÓN DE FONDOS"

Los proyectos UAUU y la obtención de capital de riesgo tienen mucho (todo) en común. Acabo de cantar loas a la austera asignación de fondos al Proyecto UAUU en sus comienzos (por ejemplo, una financiación que le permita buscar el UAUU sin ataduras de ningún tipo). Lo mismo vale cuando una empresa busca su capital inicial. No debería verse inundada de dinero, que luego estará tentada a gastar en oficinas lujosas y otras chucherías. Debe mantenerse hambrienta y (en la mayor medida posible) libre de obligaciones y ataduras.

Pero el paralelo entre las finanzas del proyecto y el capital de riesgo para la iniciación operativa de una empresa, va mucho más allá. Toda la financiación de un Proyecto UAUU refleja, a la perfección, las etapas de la financiación de riesgo de una nueva empresa. Por ejemplo:

1. Comience con una suma inicial, "rascando" de esta caja y de aquélla.

2. Busque el *input* y los recursos de clientes (pioneros/usuarios "líderes") para la creación rápida de uno o dos prototipos iniciales.

3. Busque "apoyo para la empresa" (de su jefe ... o del jefe de otro) que le permita utilizar los resultados del prototipo como base para desarrollar el proyecto en uno de 11 "distritos" (o los que sean).

4. Por último, busque el apoyo del CEO/Jefe de División para un desarrollo a nivel empresa ... una vez que el esfuerzo en el distrito demostró su validez.

Mensaje: ¡Conserve su libertad/flexibilidad! (A —casi— cualquier costo.) Apunte a una serie sucesiva de resultados prácticos. "Véndase" por etapas ... con éxitos crecientes, para justificar el control que habrá de ejercer en la etapa siguiente.

31.

Insisto una vez más:

Usted no está buscando los "mejores" clientes; está buscando clientes que lo amen … también conocidos como clientes absolutamente-entusiasmados con todo lo que se refiera al proyecto.

De hecho —y paradójicamente— lo mejor es que estos primeros clientes *no* tengan un perfil alto … y (quizá) vivan lejos de donde se encuentre usted. (*Axioma*: ¡Siempre es mejor probar las cosas nuevas/extravagantes con amigos/compinches!)

El quid de la cuestión

Éxito de ventas = Grandes "demos". Grandes "demos" = Resultados de pruebas con clientes **reales** sujetos a condiciones **reales**.

¡Las ventas "mandan"! Por lo tanto: usted necesita un historial/antecedentes. **A la mayor brevedad**

posible. Por lo tanto: necesita efectuar ensayos "reales".
Por lo tanto: necesita clientes *reales*/excéntricos-
sensacionales **... a la mayor brevedad posible ...**
que prueben sus primeros prototipos (e informen sobre
ellos). Y después ... pronto ... necesitará unos cuantos
clientes *reales*/ no-tan-excéntricos que prueben sus no-
tan-primeros prototipos (e informen sobre ellos).

Bottom line: Las "ventas" —por ejemplo, "enlazar"
más y más partidarios comprometidos— dependen de los
resultados de ensayos/aproximaciones cada vez más
realistas del producto final de su Proyecto UAUU.

(Versión de este hecho en "Primera División":
Microsoft tuvo 300.000 "personas de prueba Beta" para
Windows95 ... que, de acuerdo con un estimado,
brindaron al Goliath del software.sugerencias y consejos
gratuitos (¡y tiempo!) por cerca de *mil millones* de dólares).

C.P.H./¡Los primeros clientes "reales"!

1. El día N°1 —o, al menos, no más allá del día
N°2— revise su agenda de direcciones para encontrar un
puñado de potenciales "primeros usuarios". Redacte algunas breves instrucciones —sin demasiada
elaboración pero con ¡UAUU!— y reúnase con ellos. Trate de comprometer a uno (o dos) para constituirse en un
primer/parcial/campo de pruebas. Quizás hasta logre
entusiasmarlos de tal modo que estén dispuestos a
prestarle a alguien de su gente por unos días/semanas,
para que trabaje con usted.

2. Convierta ese ejercicio en algo más sistemático:
en sus idas y venidas, busque algunos usuarios
potenciales más ... y después unos cuantos más:

Vaya conformando, rápidamente, un Grupo de Usuarios Pioneros.

Mensaje: Formar una asociación de usuarios es algo que no tiene —¡no debería!— por qué esperar a que el proyecto esté completamente terminado. Explote a su Grupo de Usuarios Pioneros para el desarrollo del proyecto, para conseguir partidarios que lo apoyen y para generar el murmullo generado por quienes hablan de él.

INSISTO: ¡VENDA!

LEY DE HIERRO:

El Soñador eficiente/Impulsor de un Proyecto UAUU es Vendedor a tiempo completo.

Punto.

Ahora vamos a resumir los conceptos de la PARTE II ... de modo que voy a volver al punto de partida ... mi primer punto ... el IMPORTANTE ... Así que, por favor ...

¡ESCUCHE!

Lo que figura como N° 1 en la lista de cosas que más me irritan en los tipos del gerenciamiento de proyectos (bueno, en realidad, como N° 2, después de la falta de "UAUU") (está bien, empatado con el N° 2 junto con el hecho de no hablar sobre la "creación") es: el hecho de que no se reconozca que el "gerenciamiento del proyecto" **es** la venta.

Vender. *No es una mala palabra.* Vender significa obtener apoyo ... y partidarios ... cuya cifra crezca permanentemente. Ad infinitum.

¿Así que usted no es un "tipo(chica) de ventas" ? Eso es un s-o-b-e-r-a-n-o d-i-s-p-a-r-a-t-e. *Todos* somos "tipos de ventas" ... si – ¡SÍ !– nuestro proyecto nos importa lo suficiente. (Por ejemplo, el Centro Comunitario.) (Por ejemplo, el rediseño de un formulario ... sí, también *hay* pasión en el rediseño de un formulario. Recuerde: la parte delgada de la g-r-a-n cuña del cambio insertada en "la forma en que hacemos las cosas por aquí".) Si usted ama su proyecto ... y usted *tiene* que amar su proyecto para que exista aunque sea una mínima esperanza de alcanzar el UAUU ... entonces la importancia de v-e-n-d-e-r (lo) debería ser perentoria/evidente.

Aquí, lo que estoy tratando de "vender" es una "mentalidad de vendedor".

**Los ganadores
—ganadores de Proyecto UAUU—
son, aunque sea a regañadientes,
Maniáticos de las Ventas.**

Lo cual significa que no pueden resistirse al impulso de Hacer Correr la Voz respecto de su proyecto favorito. Además —aunque sea a regañadientes— no le escapan a la palabra "venta".

O sea: **¡V-e-n-d-a!**

III. ¡implemente!

III. Implementar significa tener un plan detallado. ¿Correcto? *¡Sí, correcto!* ¿Asignación clara de las responsabilidades? *¡Sí, nuevamente correcto!* Pero . . . una vez más . . . esto significa un poco más que lo que, normalmente, esos términos explicitan.

Las cosas (las condiciones, los recursos, la gente) cambian todo el tiempo. Sobre todo en estos (demencial, absurda y ridículamente) volubles tiempos.

Por lo tanto, implementar significa . . . mantenerse flexible . . . y adecuar el plan a las necesidades. Significa . . . dominar el arte de la Creación Rápida de Prototipos.

El implementador eficiente (gerente del proyecto) va avanzando mediante prueba-prueba-prueba-*ajuste*-prueba-prueba-prueba-*ajuste* . . . ad infinitum . . . ad nauseum... hasta lograr un resultado más o menos *correcto* . . . por el momento.

Ignora —se ríe— de los obsoletos postulados de la vieja escuela de seguir religiosamente el proceso de planificar-planificar-panificar-planificar hasta ponerse verde. (Y después . . . mm... planificar un poco más.)

De ahí que vender (el tema de la sección anterior) e implementar se integran a partir del Día Uno del Proyecto UAUU. Entre ambos existe una relación simbiótica: la implementación responde a los resultados de la venta/la creación de prototipos/el feedback creativo de los clientes; y los cada vez más abarcativos argumentos de venta se afinan permanentemente, en respuesta a los ajustes que se van haciendo a medida que la implementación y la creación de prototipos van acelerando la marcha.

El objetivo básico de la implementación es, de hecho... **generar más ventas.** "Enlazar" a más y más ... y todavía más ... partidarios entusiastas a medida que se avanza.

Pero esto no es todo ...

32.

Tenemos que dividirlo —nuestro proyecto, ahora, en trocitos de /hágalo-hoy/hágalo-en-las próximas-cuatro-horas.

La buena noticia: ¡Usted puede hacerlo si se concentra! La posición mental del "actúe ahora" contribuirá al éxito o al fracaso de su proyecto, ya sea de un día o de cinco años.

El quid de la cuestión

"Segméntelo". Mi amigo y colega Bob Waterman (coautor de *En busca de la excelencia*) fue quien lo dijo primero. Y dio exactamente en el clavo.

Segmentar. Segmentos. Segmentomanía. Hacerlo pedazos. Para encontrar una ... pequeña ... muy pequeña ... minúscula pieza del rompecabezas con la que pueda jugar, poner a prueba y de la que pueda aprender algo ... ahora ... de inmediato ... al instante. El maravilloso beneficio adicional de segmentar es la sensación de *ímpetu* y de *logro* que genera. Todos los días ... se *pone a* prueba algo ... concreto (y no sólo algo hablado y planificado); y la energía del proyecto y el impulso aumentan en forma exponencial. Y si el test del segmento fracasa, bueno ... al menos fracasó rápido ... y de modo que, ¡adelante! (¿Acaso hay algo más

enervante para el ¡UAUU! que una larga orgía de palabras y teorías altisonantes … y que, terminado el festival del parloteo, no se está ni un centímetro más cerca de concretar/"hacer la cosa real"?)

¡Es tan —malditamente— obvio! Pero si es tan obvio ¿… por qué son tan pocas las personas/organizaciones que lo hacen bien? ¿Por qué la gran mayoría dedica meses a elaborar planes, antes de ensayar algo —aún lo más chiquitito— en el mundo real?

El UAUUeo exitoso (como en: Proyectos UAUU, creación de los) tiene que ver con la totalidad de la cosa. Una *implementación* exitosa tiene que ver con la fragmentación, la "*des*-construcción". Córtele un trocito a su proyecto. cualquier trocito. El más mínimo trocito. **Ahora.** Póngalo a prueba, ensáyelo. En cualquier lugar. De cualquier manera. **Ahora.** Aprenda algo de esa aplicación práctica. Ajústelo. **Ahora.** Y después … vuelva a fragmentarlo … en pequeños trozos. Y pruébelo de nuevo. Y …

Avanzar mediante segmentación-y-prueba es, en síntesis, **la esencia** de una eficaz ejecución del proyecto.

C.P.H./¡Segmentomanía!

1. Ya. **Ahora mismo.** Tome un pequeño —¡minúsculo!— elemento de su proyecto. Acorrale a un cliente sustituto. Háblele sobre ese pequeño fragmento. O sea … ponga ese pedacito de su proyecto a prueba. Ahora mismo. (O sea: Bienvenido al … Canal de la Segmentación.)

2. Su objetivo inmediato: "Segmentar" las próximas tres semanas. Es decir, definir una serie de micropedacitos prácticos y concretos ... que puedan ser sometidos a prueba en la vida real.

L.A.P.S.N.A.
(**L**o **A**ntes **P**osible **S**i **N**o **A**ntes)

33.

Observación:
No existe *ninguna* situación —ni siquiera en Boeing— en la cual no sea posible armar un microtest similar-al-mundo-real de alguna porción de su proyecto **... en pocas horas o en dos o tres días. Excelencia en la Creación Rápida de Prototipos = Excelencia en la Implementación del Proyecto.** (No es chiste... ¡Esto es algo casi elemental!)

El quid de la cuestión

La idea del punto N°32: un instinto genérico de fraccionar la implementación del proyecto en m-u-y pequeñas partes. Segmentos. Y este punto N°33 es **la** herramienta para probar esos segmentos: el

Prototipo de Creación Rápida.

Pensamos que esto es tan fundamental para el Proyecto UAUU que será el tema de (todo) un nuevo libro de esta serie: *La Creación Rápida del Prototipo50.*

¿PRIORIDAD MÁXIMA?????????????

Diga "proyecto"/ "gerenciamiento de proyectos" y ... ¿qué es lo que le viene a la mente?

Bueno ... aquí están las cinco primeras preguntas del "Cuestionario de la Excelencia en el Gerenciamiento de Proyectos" (extraído de *In Search of Excellence in Project Management)* (En busca de la excelencia en el Gerenciamiento del Proyecto):

"1. Mi empresa utiliza *activamente* los siguientes procesos:
- A. Solamente Gerenciamiento de Calidad Total (GCT).
- B. Solamente Ingeniería de Procesos (reducción del tiempo de desarrollo del producto final).
- C. Solamente GCT e Ingeniería de Procesos.
- D. Solamente Gerenciamiento de Riesgos.
- E. Solamente Gerenciamiento de Riesgos e Ingeniería de Procesos.
- F. Gerenciamiento de Riesgos, Ingeniería de Procesos, y GCT.

"2. ¿En qué porcentaje de sus proyectos utiliza usted los principios del GCT?
- A. Cero por ciento
- B. 5 – 10 por ciento.
- C. 11 – 25 por ciento.
- D. 26 – 50 por ciento.
- E. 51 – 75 por ciento.
- E. 76 – 100 por ciento.

"3. ¿En qué porcentaje de sus proyectos utiliza usted los principios del Gerenciamiento de Riesgos?
  A. Cero por ciento ...
  F. 76 -100 por ciento.

"4. ¿En qué porcentaje de sus proyectos procura usted comprimir los plazos para lograr el producto final, trabajando en paralelo en lugar de hacerlo en serie?
  A. Cero por ciento ...
  F. 76 – 100 por ciento.

"5. El proceso de gerenciamiento de riesgos de mi empresa se basa en:
  A. No tenemos gerenciamiento de riesgos.
  B. Solamente lo aplicamos en riesgos financieros.
  C. Solamente lo aplicamos en riesgos técnicos.
  D. Solamente lo aplicamos en riesgos de programación.
  E. Una combinación de riesgos financieros, técnicos y de programación, basada en el proyecto... "

No se trata de que sean preguntas tontas. (No lo son.) Lo que pasa es que, simplemente, no van a la esencia. *Toda la esencia.* Sorpresa (mejor dicho: no es una sorpresa): Aquí faltan el UAUU, la Belleza, la Reformulación, las Ventas y el Hacer que la Gente Hable. Como también falta ... por supuesto ... la Creación Rápida de Prototipos.

"El libro" —*In Search of Excellence in Project Management*— hace que todo el proceso parezca algo sumamente triste y aburrido. ¿El gerenciamiento de proyectos ... ¿es algo triste y aburrido? Eso dicen "los li-

bros". ¿Y yo, qué digo? Yo pienso que es algo sumamente

**emocionante . . . desafiante . . . euforizante . . .
que pone la piel de gallina . . . que hace vibrar
por dentro . . .
que acelera las pulsaciones . . . que
es sen-sa-cio-nal.**

Y la creatividad audaz —en la implementación del
proyecto— es, en el fondo . . . una manía por la Creación
Rápida de Prototipos.

JUGAR EN SERIO

El perfecto antídoto para *In Search of Excellence in
Project Management* es el gurú de la innovación —¡mi
gurú de la innovación! Michael Schrage y su nuevo,
brillante, original y divertido libro **Serious Play** (Jugar
en serio) *El tópico:* ¡La creación de prototipos! *El tema
central:* Una "cultura" de creación rápida de prototipos
es el indicador máximo de *cualquier* organización.
(Como ya dije en el prólogo que escribí para el libro de
Schrage . . . Creo que es el mejor libro sobre innovación
que jamás he leído.)

* * *

Imagen: niños pintando con los dedos, en la sala de
un jardín de infantes. *Imagen:* una sesión de práctica
de la Liga Nacional de Fútbol. *Imagen:* el equipo de
compras de un banco de inversiones, produciendo
resmas enteras de hojas de cálculo con docenas . . . y

docenas ... de posibles estructuras del negocio. *Imagen:* una compañía teatral haciendo la primera lectura conjunta de una obra. *Imagen:* Los integrantes del cuarteto local, reunidos en el restaurante The Old Station de Pawlet, Vermont, cantando una canción que están pensando en agregar a su repertorio.

Es todo lo mismo: **probar cosas nuevas ...** aproximaciones rápidas ... ensayos rudimentarios pero efectivos. Es avanzar-mediante-prueba-y-error. Siempre: **a-c-c-i-ó-n.**

La "práctica" / "ensayo" es la esencia de las artes (deportes, teatro, etc.) y ... aunque parezca mentira ... algo prácticamente ausente del mundo de los negocios.

(Y, por cierto, algo ausente de la "literatura" empresarial.) En arte imaginamos algo ... luego lo probamos ... luego lo ajustamos ... luego lo volvemos a probar ... **lo antes posible.** En el mundo empresarial y, en gran medida, "gracias" a las escuelas de ciencias empresariales: hablamos ... y hablamos ... *y seguimos hablando* ... y planificamos y planificamos ... *y seguimos planificando* ... antes de lanzarnos a la práctica. Momento éste en el cual, probablemente, el UAUU ha quedado sepultado bajo una montaña de palabras y borrado de nuestra inspiración ... y nos quedamos con la opción "segura" (también conocida como "lo-que-no-va-a-molestar-al-jefe-ni-a-cualquier-otro-ser-humano).

Pero los tipos inteligentes —como David Kelley, de IDEO Design **&** Product Development, y esos inversionis-

tas a menudo difamados... viven y respiran: juegan ...
crean prototipos... prueban... ajustan... **A-H-O-R-A.**

* * *

VIDA EN TECNICOLOR = PRUEBA Y ERROR
VIDA EN TECNICOLOR = CREACIÓN RÁPIDA
DE PROTOTIPOS

**C.P.H./¡La mamá de la creación rápida
de prototipos!**

1. Construya un prototipo ... de una (pequeña)
parte de su proyecto ... **en las próximas tres h-o-r-a-
s** (*¡No, no es chiste! Eso es lo que hacemos en nuestros
Seminarios de Proyecto UAUU.*) Pruébelo. Hoy mismo.

2. Mañana. Ver punto anterior. Es decir: ¡Repita!
¡Haga un prototipo! ¡Pruébelo!

3. Lea nuestro *Quick Prototype50* [la creación rápida
de prototipos]. Por favor. (Está bien ... tendrá que esperar
algunos meses. Su publicación está programada para
lanzarla con la próxima serie de *Listas50.*) (Entre tanto,
haga click en Amazon.com y pida —¡por entrega rápida!—
el libro *Serious Play* de Michael Schrage ... ver más arriba.)

**Las leyes de la Creación Rápida
de Prototipos.**

1. Defina un test breve y práctico para alguna parte
de su proyecto ... en un texto de no más de una página
(o menos). Ahora.

2. Utilice materiales de los que ya disponga para hacer esa prueba ... buscando lo (más) barato. Ahora.

3. Búsquese un socio-cliente que le brinde el sitio para realizar el test y esté dispuesto a actuar como caja de resonancia. Ahora.

4. Establezca un margen estrecho de cinco días de trabajo —más o menos— para este próximo paso práctico.

5. Lleve a cabo la prueba. LO ANTES POSIBLE.

6. Registre minuciosamente los resultados en el Cuaderno del Proyecto.

7. Fije la fecha para el próximo test. LO ANTES POSIBLE. (Dentro de cinco días.)

8. Repita el proceso ... ad infinitum.

* * *

GRAN IDEA: **ESTABLEZCA EL RITMO DE LA CREACIÓN RÁPIDA DEL PROTOTIPO.**

CREACIÓN RÁPIDA DEL PROTOTIPO: **"Es así 'como hacemos las cosas' por aquí. Es lo que hacemos".**

33a.

El quid de la cuestión

Una vez más: gracias, Michael Schrage. Estoy bastante seguro de que fue él quien inventó la expresión **Cultura del Prototipo.** La idea: el prototipo que importa y marca una diferencia constituye una **forma de vida,** no sólo un procedimiento.

¿Cómo hicimos muchos de nosotros para introducir la "calidad" en nuestras "culturas empresariales"? La estudiamos. La practicamos hasta el cansancio. Nos persuadimos. La predicamos y arremetimos. La recompensamos. Es decir, hicimos cuanta cosa se nos ocurrió para insinuar que se adoptara "la forma en que hacemos las cosas por aquí". Mi posición: el Prototipo (la Creación Rápida de Prototipos) es tan importante como la calidad.

Conque ... a trabajar. Con alma y vida:

* ¡Estudie!
* ¡Capacite!
* ¡Practique!
* ¡Practique!

* ¡Practique!
* ¡Recompense!

C.P.H. / La cultura del Prototipo Rápido

1. ¡Capacite! Lance cursos de capacitación serios y a gran escala en "Creación Rápida de Prototipos".

2. ¡Compare! Estudie a los grandes creadores de prototipos, como Sony e IDEO y HP y 3M y Yahoo.

3. ¡Hable! Hable de la Creación Rápida de Prototipos ... todos los días.

4. ¡Recompense! Incorpore la Maestría en Creación Rápida de Prototipos en el proceso formal de evaluación ... para todo el mundo.

34.

La mentalidad de la Segmentación + Creación de Prototipos se refleja en una cultura que valora la capacidad lúdica. (Sí ... ¡en el Departamento de Compras!)

¡El juego es cosa seria! Basta con observar a un niño de cuatro años "trabajando" ... bueno, jugando. Es lo que yo denomino "el espíritu del arenero".

Sugerencia: La capacidad lúdica es la esencia del método científico sobrio, que sólo conoce un mantra válido y real: *¡Pruébelo! ¡Ya mismo!. Es decir: J-u-e-g-u-e.*

Corolario: Búsquese compañeros de juego. *El juego brioso/animoso exige compañeros de juego briosos/animosos ... también conocidos como "esos primeros y valiosos clientes" dispuestos a probar su prototipo número 1/número 164.* (Este tipo de "clientes" puede incluir a los compinches a los que usted acorrala en el pasillo ... y que aceptan dedicarle 45 minutos a "recorrer un pequeño proceso simulado" que usted acaba de crear esta mañana. ¡Dios los bendiga!)

El quid de la cuestión
El fantasma que más me irrita: las palabras que utilizamos rutinariamente entre las 17:00 y las 9:00

horas ... y que no nos atrevemos a pronunciar entre las 9:00 y las 17:00 hs.

Por ejemplo: **¡ j-u-g-a-r !**

Implementación de Proyecto UAUU = Inspirada Capacidad Lúdica. La capacidad lúdica es una característica admirable. Revela suficiente autoconfianza como para distenderse ... relajarse ... dejar que la creatividad inmensamente rica que habita en el interior de cada uno de nosotros rompa su dique de contención y estalle. Descubrirá una enorme Ventaja Competitiva Personal. (Me hace sonreír por dentro... *y mucho*... soñar con que la palabra "jugar" figure en el índice de un libro tradicional acerca del gerenciamiento de proyectos. ¡No viviré para verlo!)

El juego no es algo "gracioso". El juego es algo serio. ¿La prueba? Observe a un niño de cuatro años ocupado en construir un castillo de arena. Observe su intensidad ... lo absorto que está en su tarea ... la determinación con que la ejecuta ... su total y absoluta falta de inhibiciones. Prueba. Destruye. Prueba de nuevo. *Destruye de nuevo.* Modifica. ¿Su compromiso? ¡Total! (Si usted no está atento ... el chico podría ser arrastrado por la próxima marea, que él no se dará cuenta. En serio.) ¿Obsesionado con su objetivo? ¡Más vale!

Así que ... ***¡diviértase!***

¡Atrévase! ¡Pruébelo! ¡Destrúyalo! ¡Vuelva a intentarlo! Ah ... progrese. Ah ... j-u-e-g-u-e.

DEFINICIONES DE "JUGAR"

JUEGO PROFUNDO: (sust., adj.) 1. Estado de inconsciente compromiso con nuestro entorno. 2. Exaltada zona de trascendencia fuera del tiempo. 3. Estado de capacidad creativa óptima.

—Diane Ackerman, *Deep Play*

Usted no puede ser un innovador en serio a menos que, y hasta tanto, no esté preparado, dispuesto y capaz de jugar seriamente. "Jugar en serio" no es un oxímoron; es la esencia de la innovación.

—Michael Schrage, *Serious Play*

C.P.H./¡Las Reglas del Juego!

1. Hable con sus compañeros de equipo acerca del juego. Si su proyecto fuera una plaza de juegos ... ¿qué es lo que harían de manera diferente? ¿Ahora mismo? **(¡Por favor, diez ideas!)** Tome algún detalle aburrido/monótono de su proyecto. *Juegue* con él. Cambie su concepción del mismo. Haga algo loco, chiflado, inesperado. Pruébelo en la práctica. Vea como ... bueno ... puede usarlo para jugar.

2. Hable con sus usuarios clave (¡sus compañeros de juego!) acerca del ... j-u-e-g-o. ¿Cómo podemos convertir nuestra próxima prueba/test en algo lúdico a fin de que los usuarios-compañeros de juego puedan dejar volar su imaginación y aportar ideas lúdicas (= inspiradas, insólitas, graciosas, que-valen-su-peso-en-oro)?

3. Todos juntos: evaluemos nuestro Equipo del Proyecto UAUU ... en relación con su Capacidad Lúdica.

(Por ejemplo: ¿Somos genuinamente lúdicos en la persecución de nuestro sueño?)

35.

Todo esto —la segmentación/la manía de crear prototipos/el fanatismo lúdico— tiene que ver con la Retroalimentación Rápida y el drástico acortamiento de los rodeos que la traban. *¡Los Proyectos UAUU viven de ciclos casi instantáneos de test-retroalimentación-ajuste!*

Premie por igual el éxito y el fracaso. Castigue la inactividad.
—David Kelley, IDEO Design & Product Development

Listo. ¡Fuego! Apunten.

—Ross Perot (y otros como
Harry Quadracci, fundador de Quad/Graphics
y Wayne Calloway, ex presidente de PesiCo.)

El quid de la cuestión

¿Se dio cuenta?: ESTOY HACIENDO LO IMPOSIBLE POR INCULCARLE "L.F.A." (Listo. ¡Fuego! Apunten.) Y "C.R.P." (Creación Rápida de Prototipos), HACÉRSELO TRAGAR (y metérselo en la cabeza) ... PARA QUE QUEDE EN CLARO ... QUE ESTO —no "el plan"— ES EL PRINCIPAL TEMA /HERRAMIENTA /OPORTUNIDAD DE LA IMPLEMENTACIÓN.

"Fracase. Avance. Rápido":

Un ejecutivo de alto vuelo dice que éste es su mantra. El objetivo: ¡comprimir el tiempo de ejecución y reducir los obstáculos que traban la retroalimentación en forma exponencial! (Exponencial es la palabra correcta. Los meticulosos estudios de Michael Schrage demuestran que los rabiosos prototipiadores son *cientos* de veces más rápidos que los tipos perezosos/obsesionados con las especificaciones.)

Para lograr una velocidad pasmosa, tiene que eliminar del proceso todo lo superfluo. (¡De todos los procesos!) Esto significa terminar con la cháchara y con el ego. ¿Me interpretó? ¡Levante el culo de la silla y empiece a ponerlo a prueba/cree un prototipo del mismo ... **Y-A M-I-S-M-O!**

Y no se preocupe por quién se lleva los laureles. (Eso lo puede pelear más adelante. Y, de todos modos, un Proyecto UAUU genera tanta cantidad de crédito y gloria que alcanza para todo el mundo.) ¡Sáquelo a la luz y provoque algunas reacciones ... **Y-A M-I-S-M-O!** Digiera esas reacciones y haga ajustes y correcciones en base a ellas **... ¡Y-A M-I-S-M-O!** En cada curva, a la vuelta de cada esquina, ante cada oportunidad, deje de lado las estupideces, termine con la cháchara, desprecie los reconocimientos:

¡OCÚPESE SÓLO DE LO CONCRETO, HAGA ESE MAL-DITO TRABAJO Y MANTENGA EL PROYECTO EN M-O-V-I-M-I-E-N-T-O!

Esto vale sobre todo para un Proyecto UAUU. O sea: UAUU es un juicio subjetivo. Tiene relación con arte/belleza ... y con cosas que le quitan el aliento, a usted y a sus clientes. Y lo único que le puede quitar el aliento es algo r-e-a-l frente a lo cual usted pueda reaccionar. *(¿Correcto? Reflexione.)*

UAUU tiene que ver con 100 comienzos fallidos … hasta lograr finalmente que la cosa e-s-t-é b-i-e-n-h-e-c-h-a y sea a-b-s-o-l-u-t-a-m-e-n-t-e s-e-n-s-a-c-i-o-n-a-l. Cien comienzos malos exigen una mentalidad obsesiva de testear-rápido-ajustar-rehacer-y-volver-a-testear. ¡O la muerte nos separe!

C.P.H./Fracase. Avance. Rápido.

1. *Gerencie* su ciclo de prueba-y-ajuste. Cuídese de la charla de los lunes por la mañana. Evalúe sus últimos tests. (No busque culpables. Simplemente, analice los hechos.) Incorpore (muy) pocos cambios fundamentales. *Y:* vuelva a presentar su trabajo al mundo real.

2. Después del test inicial:
Registre por escrito la retroalimentación …
dentro de las 24 horas.
Incorpore cambios … **dentro de las 24 horas.**
Vuelva a testear … **dentro de las 24 horas.**

Éste es el ritmo métrico/sincopado/generador de impulso que usted trata de establecer. Y mantener. (Ah! Es posible lograrlo.)

36.

¡HÁGALO TRIZAS! EL JUEGO ... Y LA DESTRUCCIÓN ... SON "SIRVIENTES".

Pregúntele a un artista: ¡Sólo si se está dispuesto a destruir un trabajo casi concluido se puede obtener el UAUU!

El quid de la cuestión

Usted tiene completadas las dos quintas partes de su proyecto. Y no es, precisamente, una maravilla. Usted hace una prueba ... intenta algo más. "OK". Pero no es algo grandioso, usted no queda boquiabierto. Así que: ¡Hágalo trizas! Bórrelo. O, por lo menos ... déjelo de lado por un tiempo.

Hacerlo trizas = Volver-al-punto-de-partida-y-rein- ventarlo. Es la esencia —en muchos casos— del (futuro) éxito del Proyecto UAUU. Esto puede —y podrá— resultar difícil. Todos nos encariñamos con algún aspecto de nuestros proyectos. Después de todo, se trata de Nuestro Bebé.

El desafío: desprenderse de ese viejo demonio del "ego" y tirar todo a la basura. (El proyecto no es UAUU ... y usted lo sabe.) Se produce un momento de (terrible) agonía y luego (por lo general) una fantástica sensación de ... alivio ... euforia ... y un repentino surgimiento de energía que lo impulsa a intentarlo de nuevo.

Una amiga mía, una exitosa novelista y profesional, advierte a sus estudiantes de creación literaria: **"Mate a sus seres queridos".** Lo que quiere decir con eso es que, si una parte de una novela no funciona, no queda otro remedio que suprimirla ... por más que ame cada una de sus frases y pasajes. Es un buen consejo. (No. ¡Es un consejo genial!) Un hermoso *fragmento* de un proyecto no sirve para nada —más que inútil, es destructivo— si no transfiere esa belleza a la totalidad del proyecto. Es esa totalidad la que generaría el UAUU. O sea: ¡Destruya y conquiste!

¿Y si *no* se anima? Bueno ... lo siento ... si no tiene coraje, usted nunca podrá lograr un Proyecto UAUU.

¡TÍRALO, SAM!

"El verdadero artista —dijo un músico profesional amigo mío— está dispuesto a jugarse absolutamente todo —tres meses de trabajo— en una sola pincelada."

COMENTARIO DE TOM: Lo mismo le pasa al obsesionado con el UAUU.

C.P.H./¡Hágalo trizas!

1. Deténgase de tanto en tanto —¿cada mes?— y pregúntese... sin mentirse a usted mismo si está ... haciendo algo UAUU. Y —mucho más duro todavía— pregúntese si debe seguir adelante con ese proyecto. Formúlese esa pregunta con toda seriedad ... muchísima seriedad. Y si la respuesta es "no", mate el proyecto rápida y certeramente. (Por favor, tenga en cuenta lo siguiente: ese proyecto es *la* rúbrica de su vida...¿no?)

2. ¿Qué le parece una semana dedicada a una tarea rutinaria que tenga un tanto abandonada? Ello significa una semana distanciado de e-l p-r-o-y-e-c-t-o... a fin de que pueda reencararlo con ojos ... mente ... y espíritu nuevos. (Para mí, es un paso obligatorio en todos mis proyectos literarios.)

37.

Colaboradores de tiempo completo. Asistentes a tiempo parcial. *Consiga-un-tipo- extravagante-para-almorzar ... y después pídale que le dé una mano con una pequeña tarea!* Vamos ... eso podría conducir a algo importante en el futuro.

El quid de la cuestión

EL TRABAJO DE VENTA —TAMBIÉN CONOCIDO COMO LA EXPANSIÓN DE LA RED DEL PROYECTO UAUU— NUNCA CONCLUYE. POR EL CONTRARIO: CON EL TIEMPO NO HACE MÁS QUE INTENSIFICARSE.

Es cierto que he separado la fase "venta" de la fase "implementación", en este libro modelo. Pero tengo que admitir que esa separación es, en gran parte, una farsa. Si el objetivo es el UAUU, las ventas son la vida ... para siempre. Por lo tanto, lo que usted necesita ... *desesperadamente ...* es gente que camine-hable-estalle-de energía y publicite con entusiasmo y euforia sus proyectos. Es decir, básicamente reclute entusiasmo. Un proyecto que apunta a hacerle una zancadilla a la Cultura Empresarial Reinante necesita de Verdaderos Creyentes. *(Anatole France: "Prefiero los*

*errores del entusiasmo a la indiferencia de la sabidu-
ría".)*

Una de las razones (¿la principal?) por la que
hacemos todo eso de la creación rápida de prototipos es
demostrar —rápidamente— a los potenciales partidarios
que estamos haciendo Cosas Realmente Sensacionales:

"Anótese ahora ... o quedará afuera".

Ése es el mensaje subliminal.

C.P.H/¡Reclute colaboradores! ¡Constantemente!

1. *Nunca "pierda un almuerzo".* Por supuesto que
usted está hasta las narices de trabajo. Pero nunca
—¡jamás!— olvide su meta: "las ventas". ¡"Muestre la hila-
cha" cada vez que sea posible! **¡Haga demostraciones
donde pueda!** Arme presentaciones improvisadas frente
a todos los grupos de uno o varios partidarios potenciales.

2. Preste particular atención a los que "no tienen
poder".

Mensaje:
¡Nadie que ame lo que usted hace carece de
poder! ¡Son sus fanáticos! ¡Benditos sean!
¡Reclútelos! ¡Úselos! **(¡Explótelos!)** Muchas
veces, el simple entusiasmo supera a la formal "posición
de poder". Prefiero mil veces un supervisor que sea un
verdadero creyente, a un tibio partidario en una posición
VIP. En el mediano y el largo plazo iré ganando
en la medida en que sepa generar/utilizar a los
entusiastas.

3. Tome m-u-y e-n s-e-r-i-o el reclutamiento de colaboradores. Convierta esa tarea en parte formal del proyecto. Confeccione una lista de candidatos-objetivo. Persígalos. Repito: Éxito de la Implementación = Éxito en atraer a otros a su causa... sobre todo cuando esos "otros" rebosan de entusiasmo. Ello exige una **g-r-a-n** inversión (en términos de tiempo).

37a.

SE BUSCA: BUFÓN DEL REY.

Durante la etapa de la implementación, muchas veces atemorizante, muchas veces excesivamente lenta o prolongada, el humor es lo que puede mover al mundo ... o, por lo menos, ayudar a que no se salga de órbita.

El quid de la cuestión

¡El humor es el arma secreta del UAUU! Nada ... absolutamente *nada* como el humor ... para cortar la tensión y generar unidad y una Cultura UAUU.

Un plazo se le viene encima a noventa kilómetros por hora. Su equipo ha consumido suficiente cafeína como para seguir trabajando toda la noche; el lugar de trabajo parece el festival del estrés, una convención de tensionados.

De pronto, alguien cuenta un chiste o hace un comentario realmente gracioso acerca de lo que usted está haciendo ... o sobre la rosquilla que se acaba de comer ... o sobre algún Absurdo de la Vida.

Una carcajada se eleva ... sí, se ELEVA ... en el cuarto donde está reunido el equipo. Y es seguida de una ... *renovación* ... emocional ... y una sensación de frescura ... prácticamente palpable.

Uno de los grandes ejemplos recientes acerca del poder del humor fue el discurso del ex senador estadounidense Dale Bumpers, pronunciado en defensa del presidente Clinton durante su enjuiciamiento político. Fue un discurso magistral en muchos aspectos; pero fue el humor autocrítico de Bumpers en medio de todo eso ... gravedad e "historia" y solemnidad ... lo que, repentinamente, bajó todo el proceso a un nivel humano.

Un ejemplo (soy muy malo para parafrasear): "Cierto día, en la iglesia, el pastor preguntó si alguien había encontrado alguna vez a un ser humano que fuese tan perfecto, tan libre de espíritu de venganza, como Jesucristo. Un tipo, en el último banco, levantó la mano y dijo: 'El primer esposo de mi mujer'." Estallaron carcajadas en la sala del Senado y la tensión se disipó de una manera sumamente saludable.

Difícilmente pueda calificarse un enjuiciamiento político de Proyecto UAUU (está más cerca del Teatro del Absurdo), pero el senador Bumpers demostró por cierto el poder del humor —y lo hondo que calan sus raíces— para influir sobre el curso de los hechos (muchos dijeron que su discurso fue un río que echó agua al molino del Presidente).

Por lo tanto, procure —con toda deliberación— animar a su equipo. ¿Se encontró con un colega particularmente bromista/ con alma de payaso/ alegre / divertido? Pídale —de inmediato— que se involucre con su proyecto ... aunque sea en forma mínima.

Además, trabajar en un proyecto serio (de esos que cambian el curso del mundo) significa recibir, de tanto en tanto, golpes y magullones. (A decir verdad ... sucede con bastante frecuencia.) Por lo tanto, usted tiene que buscar elasticidad ... humor ... la capacidad de reírse de esas brutales golpizas ... en sus potenciales candidatos a colaboradores. Un sentido de humor altamente desarrollado alcanza por lo general, ese nivel "gracias" a frecuentes encuentros con la adversidad. Eso es verdad. *E* importante. Cambie un poco de "habilidades técnicas/profesionales requeridas" por entusiasmo desenfrenado y sentido del humor.

C.P.H./¡Exuberancia deliberada!

1. Conéctese con *un* potencial entusiasta fuera de serie. *Hoy mismo.* Encuéntrelo en su agenda ... o hablando por teléfono con amigos y preguntándoles por amigos de ellos que "pudieran ser considerados un poco chiflados y muy divertidos".

2. ¡Arriésguese!

Contrate a un verdadero excéntrico/chiflado.

¿Tiene antecedentes de ser un buscapleitos —un fanático/entusiasta—, un payaso? ¿Y qué? O, mejor dicho: ¡Exactamente lo que usted necesita!

(O SEA: BUSQUE A LOS "INADAPTADOS". INADAPTADOS = JEFE ANTERIOR SE ENFADÓ CUANDO PATEÓ UNO O DOS TABLEROS. ¡HURRA! ¡ESO ES EXACTAMENTE LO QUE ESTÁBAMOS BUSCANDO!)

3. Adopte "sentido del humor" como un criterio importante en su selección de colaboradores. (Por ejemplo, la ex gobernadora de Texas, Ann Richards, ubicó el "sentido del humor" a la cabeza de su lista de criterios de reclutamiento.)

38.

El bibliorato comienza casi vacío, pero con un montón de carátulas/divisores.

Cada carátula/tema corresponde a un importante tópico del proyecto/producto final. (También puede tener el contenido del bibliorato en la computadora . . . y compartirlo a través de un buen Groupware . . . pero la versión impresa es imperativa. ¡No les crea si le dicen lo contrario!)

El quid de la cuestión

¿Quiero decir con esto algo así como "¡Organícese!"? ¡Sí, más bien!

"Organizarse" no significa burocratizarse.

Ni instalar el último software sobre gerenciamiento de proyectos que apareció en el mercado. (Que es otra forma de decir . . . burocratizarse.) Organizarse = Herramienta N° 1 = LA BIBLIA DEL PROYECTO/CUADERNO/BIBLIORATO.

Ésta es la herramienta más antigua —y más simple— de que se dispone. **(E-L C-U-A-D-E-R-N-O.)** Puede que termine por consistir en tres o cuatro gruesos biblioratos. El sueño dorado de las "ratas-junta-papeles". Contiene a-b-s-o-l-u-t-a-m-e-n-t-e t-o-d-o lo relacionado con el proyecto.

Cada pequeño pedacito de papel/servilleta-con-anotaciones/recortes-de-donde-fuese. Es más un diario que una agenda. Incluye las cosas frívolas y más audaces … y las más serias y más sobrias.

Las versiones electrónicas son buenas … y quizá funcionen bien para usted. Pero, para muchos de nosotros, esos tres biblioratos son "el súmmum".

C.P.H./¡El bibliorato al poder!

1. Comience. Hoy mismo. Vaya y compre los biblioratos. Elija unos que le gusten de veras en cuanto a color, sistema de cierre, diseño. Ponga **t-o-d-o** en estos biblioratos. Es decir: conviértase en recolector de basura; ¿quién sabe si ese pequeño recorte de diario no podrá salvarle la vida en un momento crítico?

2. Organice los biblioratos. **El "encabezamiento de los capítulos" es importante. De hecho, son la metáfora o el esquema organizativo para todo el proyecto.**

3. Ahora bien: Use *El Bibliorato*.

(1) Aliente a todo el mundo a que meta de todo en él.
(2) Convoque, cada tanto, a reuniones para hablar exclusivamente de "las cosas del bibliorato". Es decir, revisar y analizar todas las observaciones, exóticas y

heterogéneas, que los integrantes del equipo van juntado a media que avanza el trabajo.

(3) Haga que esto sea **divertido** … además de importante. Es una parte considerable del juego llamado "espontáneo y creativo".

39.

El quid de la cuestión

Listas 101. Secretaria Registradora 101. También puede llamarlo "El Poder de Tomar Notas". El poder de sintetizar. Bueno... llámelo... **p-o-d-e-r**.

En síntesis: no hay palabras que describan adecuadamente el poder al que accede, sin proponérselo, el ...

¡Brillante elaborador de resúmenes y listados!

Y la persona que acepta "con reservas" cumplir con la tarea de Tomar Notas/ Elaborar Listados de Cosas Para Hacer/Redactar los Temarios de las Reuniones. De hecho, el "simple" elaborador de ellos *fija*, en gran medida, su contenido... que, después de todo, constituye el esqueleto del mismísimo Plan del Proyecto.

Ésta es una herramienta muy poderosa. (Para quienes, supuestamente, *no tienen poder*.) Y es una herramienta clave para la ejecución del proyecto:

EN SÍNTESIS ... USTED NUNCA PODRÁ TENER DEMASIADOS LISTADOS DE COSAS PARA HACER ... O

DOCUMENTOS CON "SUMARIOS" . Los listados son una suma ... una drástica síntesis ... de ... prácticamente ... *todo*: Lo que es importante para ese Proyecto UAUU ... hacia dónde está yendo ... y qué *hacer* después.

(No exagero: estoy convencido de que gran parte de mis éxitos con la implementación de proyectos, sobre todo cuando era todavía muy joven, fueron el resultado de una compulsiva obsesión por la confección de listados y sumarios. Por ejemplo, tratando religiosamente, por más cansado que estuviera después de una reunión maratónica de seis horas de duración, de analizar con firmeza los puntos difíciles ... y escribir/distribuir un **Resumen** de la reunión ... a las pocas horas de concluida. La cuestión es tomar la iniciativa automáticamente e insertarse con firmeza en el centro del debate. Y, para ser muy franco y directo: al actuar así se tiene un excelente pretexto para comunicarse directamente con los diversos niveles organizativos. Lea más sobre esta idea en nuestro próximo libro *el Poder+Implementación50.)*

C.P.H./Listados ... Listados ... y ...
¡Más listados!

1. Asegúrese de que *siempre* haya (1) un resumen *al instante* de cada reunión; (2) un listado de "Cosas Para Hacer". Viva ... y muera ... por los LISTADOS. (Sin duda, puede suceder que algún listado entre en conflicto con otro. Pero, al menos ... si hay listados, usted tiene registrados adecuadamente los temas y las prioridades, a fin de poder debatirlas y clarificarlas.)

2. Una de las cosas más irritantes: no use software "sexy" para hacer sus listados. A menudo el "producto", termina por carecer de sentido. Un simple listado es... un listado. (Por ejemplo: use Word y no Excel.)

3. Corrija y modifique sus listados... todo el tiempo. Conviértalos en "listados vivientes". **¡SON UNA HERRAMIENTA FORMIDABLE!** Consiga que los integrantes de su equipo ... religiosamente ... hagan sus propios aportes ayudando a corregir y modificar los listados. Establezca una regla de juego: cinco personas distintas usan, cada una, un tipo de letra distinta para ingresar sus modificaciones en los listados ... lo que sea/cuando sea/en cualquier momento.

4. Una acotación especial para los que "carecen de poder":

¡Usted no carece de poder!

Y esto —hacer Listados **&** Resúmenes— es un lugar por el cual no hace falta ser genio, a partir del cual tomar sigilosamente la iniciativa.

* * *

NOTA: ADORO LOS LISTADOS **&** RESÚMENES. ¡Y QUIERO QUE **USTED** ADORE/APRENDA A ADORAR A LOS LISTADOS **&** RESÚMENES! CREO EN LA ORGANIZACIÓN. Y **NO** CREO QUE ELLO SIGNIFIQUE COMPLICAR LAS COSAS. POR EL CONTRARIO, LOS LISTADOS SIMPLIFICAN, CLARIFICAN, SON CONSTRUCTIVOS.

PRODUCEN BUENOS L-I-S-T-A-D-O-S.

40.

Es lo que yo denomino "la lista viva de cosas para hacer". *Es* humilde. Pero ninguna herramienta más importante que ésta. **N-I-N-G-U-N-A.** Llámelo como quiera: Cronograma/ Listado de Cosas Para Hacer / Mapa de Hitos Trascendentales.

Tiene que ser lo más simple posible. (Bueno, si quiere, utilice un complejo software para planificación de proyectos; pero, personalmente, pongo las manos en el fuego por el "listado maestro de cosas por hacer". A muerte.

Autoconságrese: M.H.T. = Maníaco de Hitos Trascendentales. O bien: D.C. = Déspota de Cronogramas.

El quid de la cuestión

Recuerdo cómo aprendí el poder de los cronogramas. Estaba trabajando en un nuevo emprendimiento. Hablamos ... y hablamos ... y seguimos hablando. (M-u-y útil.) Planificamos ... y planificamos ... y seguimos planificando. (M-u-y útil.) Y después ... un fin de semana ... me ofrecí para hacer el boceto de un "simple" cronograma.

¡UAUU! ¡Eso sí que impactó!

Es decir, asignar fechas reales (aunque sean sólo estimativas) a "las cosas que hay que hacer antes de que se puedan hacer otras cosas" nos abrió los ojos y la mente a todos. Aprendí más —¡literalmente!— en un día de intenso trabajo elaborando el "cronograma" que en todo un mes de abstracta planificación/discusión. De pronto, todas las piezas del rompecabezas fueron ubicándose en su sitio. Supe exactamente *qué* había que hacer y *cuándo* había que hacerlo. El efecto fue galvanizante.

Me llevó a la cima. (Ya estaba bastante cerca de ella.) El cronograma ... es ... *¡la revelación!*

Crear toda una serie de fechas encadenadas que lo conducirán, por ejemplo, al lanzamiento público del producto dentro de siete meses a partir de hoy; lo obligará a explorar las probabilidades reales de concretar las tareas críticas dentro de un período de tiempo específico. Lanzamos el 11/10/99 suena como algo perfecta y fácilmente alcanzable si se dice el 11/10/98. Pero cuando usted empiece a detallar las 24 cosas (o 244) que hay que hacer entre "ahora" y la fecha de lanzamiento ... y descubra que, por ejemplo, una tarea endemoniadamente difícil tiene que estar terminada dentro de ... *las próximas dos semanas* (¡no llega ni loco!) ... bueno, prepárese para recibir un shock de adrenalina de aquéllos.

Desde "mi epifanía" me he convertido en un Fanático de los Cronogramas ... en un Derviche de los Cronogramas. ¡Creo que no existe herramienta más poderosa! *¡Punto!* **Cronogramas + Hitos trascendentales = "Planificación" en serio.** Olvídese de las cosas más "sensuales" (o déjelas de lado por el momento). Afirmo que no hay nada que pueda competir con el cronograma.

(Repito: Existen formas complejas de realizar un cronograma. Por ejemplo, el PERT (*Program Evaluation and Review Technique* - Técnica de evaluación y análisis de programas). Tengo un diploma en Ingeniería Civil en esta especialidad. Pero, reitero: la gran idea es ... Manténgalo lo más simple —y claro— posible. Esto significa: los cronogramas son superiores a las planillas PERT. Créamelo.)

C.P.H./¡Cronogramaníaco!

1. Con *los datos que conoce ahora* (pocos o muchos), diseñe un cronograma que abarque los próximos **18 meses**. Sí, sin duda muchas/la mayoría/todas las fechas hacia el final de ese período resultan más suposiciones que certezas. No importa. Si el proyecto —cualquier parte de él— parece demencial/imposible/ridículo en el cronograma, usted se encuentra frente a un g-r-a-n problema. Piénselo.

2. Los cronogramas a corto plazo están grabados en piedra. La promesa de concretar un hito trascendental a cumplirse dentro de tres semanas ... es una **promesa**. *Pero* esos hitos también son, obviamente, flexibles. (Tenga en cuenta que las cosas *cambian*.) Por lo tanto, cumpla *cada paso* del cronograma. (Actúe como un historiador que establece cronologías y como la Conciencia del Proyecto.) *Pero* actualice su cronograma en forma regular; digamos, por ejemplo, cada semana. (En un momento claramente especificado.)

3. Exhiba el listado cronológico/de hitos trascendentales ... CON MAYÚSCULA ... en un sitio claramente visible. (Y también electrónicamente.) El cronograma actúa tanto a nivel racional como psicológico (generando una sensación de urgencia).

3a. Vuelvo sobre lo antedicho: *Cuídese de los softwares de planificación "sofisticados". (Repito.) Al igual que las planillas de cálculo, lo harán sentirse más eficaz e inteligente ... de lo que es. Una gran parte del poder y la fuerza de un cronograma reside en su absoluta simplicidad. Mensaje N° 1: ¡NO LO ATIBORRE DE BASURA!*

40a.

SE BUSCA: "MISS ÚLTIMO DOS POR CIENTO".

El quid de la cuestión

Mi esposa y yo estamos en la etapa final de un proyecto de construcción. Más o menos. ¡Y el "menos" de ese "más o menos" es el gran problema!

Es decir, nos quedamos estancados en el "98 por ciento terminado" ... desde hace meses.

Lo cual me recuerda, una vez más, que todo proyecto necesita (¡y mucho!) de una "Miss Último Dos Por Ciento."

Se trata de algo así como el Tirano del Cronograma descrito más arriba. Pero diferente: ¡en este caso se trata de una especialización!

La verdad sea dicha, me encanta realizar el trabajo que implica ese "último dos por ciento". Esas tres últimas revisiones de un manuscrito ... donde cada cambio de palabra tiene un peso enorme; f-i-n-a-l-m-e-n-t-e le sale cómo decir lo que sea con "los términos correctos".

O bien: uno descubre ese error garrafal ... que, de haber aparecido en la impresión final, habría sido fatal.

O: Se intercambia el orden de dos capítulos ... y todo el planteo tiene, de pronto, mucho más sentido. O ...

Si usted adora ese último dos por ciento, está salvado. Si, en cambio, le resulta irritante, un fastidio total, usted ... según mi libro ... se encuentra en problemas. Porque ...

El Fanatismo del Último Dos Por Ciento es lo que, a menudo, distingue un "trabajo bastante bueno" de un trabajo "UAUU".

"Los Fanáticos del Toque Final" son piedras preciosas. Y cada proyecto necesita una de esas joyas.

C.P.H./¡El poder del toque final!

1. Reconozca el tema … la oportunidad … y el hecho de que no es algo que le guste a todo el mundo.

2. Reclute a "Miss Último Dos Por Ciento". Busque. Averigüe. Localice a un maestro probado en dar el toque final.

3. Proteja a "Miss Último Dos Por Ciento" de acusaciones de ser una puntillosa insoportable. (¡Para eso la contrató!)

4. Recompense a "Miss Último Dos Por Ciento" y trátela como a un miembro pleno del equipo. (Ni más ni menos que como los equipos de béisbol premian a quienes "cierran" la jugada. Algunos —como Dennis Eckersley, el ex relevo del equipo Oakland A— han ganado el codiciado premio C y Young como mejor lanzador de la Liga.)

41.

Una reunión "de asistencia obligatoria", de una duración *máxima* de 15 minutos, a las ocho de la mañana —en la cual se analizan los hitos del día, se evalúan las necesidades de ayuda y se allanan las cosas más enredadas— puede ser de crucial importancia.

También cuando surge un impasse durante el día: Convoque a una "reunión de 15 minutos" ... y resuélvalo.

Si usted adhiere religiosamente a la norma de "máximo quince minutos", descubrirá que ha encontrado una poderosa herramienta de implementación.

El quid de la cuestión

La reunión máximo-15-minutos agrega otra pieza a mi mantra/campaña de "lo esencial es mantener simples las cosas". Pude observar este proceso de cerca en CNN. Y oí hablar de él mismo en la vieja/mítica Lockheed Skunk Works. Y ... yo mismo lo he puesto en práctica. Y ... se lo inculqué a otros. En síntesis:

Funciona.

Cuando la gente tiene 15 minutos para cubrir un tema, lo cubre en 15 minutos. No hay espacio para cosas superfluas, para grandes sermones y rodeos innecesarios. La gente aprende a plantear su caso en forma simple y sintética (este aprendizaje es un beneficio adicional). Adiós a todos esos pequeños rituales que no constituyen más que una pérdida de tiempo y convierten a tantas (¡demasiadas!) reuniones en peroratas interminables. Una rutina de reuniones-15-minutos-como-máximo transmite un poderoso mensaje relacionado con *acción*... *claridad*... *brevedad*... *focalización*... *simplicidad*.

Por supuesto que la naturaleza misma del gerenciamiento de proyectos exigirá reuniones de todo tipo. Pero ésta tiene una característica propia: *la* reunión que abre el día de trabajo ... un evento increíblemente *breve*... ***sagrado*** ... un evento que allana y resuelve la mayor cantidad posible de cuestiones acerca de "qué-está-pasando"... con la rapidez de un rayo ... y las liquida ... con la rapidez de un rayo.

C.P.H. / Reuniones relámpago ... "de parados".

1. Bueno...**hágalo: convoque** a su primera "reunión 'de parados' de 15 minutos" (durante esos 15 minutos los participantes permanecen de pie) para dentro de las próximas 24 horas. (Y cada 24 o 48 horas a partir de entonces.) Temario: **(1)** Qué sucedió en las últimas 24 horas. **(2)** Cuáles son las tareas del día. Y **(3)** ¡Nada más!

2. Jamás la estire a 16 minutos. (Pero sí la puede reducir a catorce ... ¡Genial!) **USE UN TIMER DE COCINA.**

3. Cuando usted (el líder del proyecto) se encuentre ausente ... delegue. O sea que: las reuniones deben hacerse aunque sólo 3 personas —de los 14— estén presentes. **¡PERO HÁGALAS! ¡RELIGIOSAMENTE!** Deje bien en claro —absolutamente claro, "a prueba de idiotas"— que *nadie* puede faltar a esas reuniones. (Punto.)

42.

No hay invento o logro que sea demasiado pequeño como para merecer una celebración. La idea es mantener a la tropa motivada ... y que la gente "de afuera" siga hablando de usted y de su proyecto.

El quid de la cuestión

La ejecución práctica —de cualquier cosa merecedora de un ¡UAUU!— no es nada fácil. Aparecen contratiempos y trabas inesperadas. El material que no llega ... un "partidario" que se vuelve en su contra ... un integrante clave de su equipo convocado para otra tarea en el momento preciso en que usted más lo necesitaba.

Conclusión: al igual que en la interminable temporada normal de 162 partidos de la Liga de Béisbol de Primera División, el principal rol del director técnico (en este caso, el líder del proyecto) es evitar que decaiga el entusiasmo.

En síntesis: los mejores líderes de proyecto son entusiastas descarados. ("Soy un surtidor de entusiasmo", dijo Benjamin Zander, respetado director de la Filarmónica de Boston ... y renombrado gurú de temas de management.) Aprovechan la más mínima excusa para ... c-e-l-e-b-r-a-r/elogiar/aclamar/aplaudir/ alentar ... a fin de motivar a la tropa.

"Surtidor de Entusiasmo": ¡Ésa es la palabra (exacta)! ¿Lo pinta a usted de cuerpo entero? Si responde "sí" … ¿está seguro? Si su respuesta es "no" … ¿cómo piensa cambiar esa situación? ¿Dentro de las próximas dos *horas?* (La personalidad individual, probablemente, tenga mucho que ver; pero, por lo que he podido observar, es *posible* aprender a ser un entusiasta … Por ejemplo, puede aprender el Hábito de la Celebración Espontánea.)

C.P.H./¡El entusiasta-en-jefe!

1. ¿Qué ha hecho —*específicamente*— en las últimas

2/12/24/48 horas

para "levantar el ánimo de la tropa"? (Si no hizo nada … ¡qué vergüenza!)

2. ¿Busca instintivamente **–¡a diario!**– oportunidades para celebrar a-l-g-o … por pequeño que sea?

3. Es usted el "Campeón de las Remeras"? O de: las lapiceras … los banderines … regalos-para-clientes-pioneros? ¿Campeón de: todas-las-cosas-simbólicas que ayudan a impulsar el proyecto? Repito lo antedicho: **¡Eso se puede aprender!**

4. Dentro de las próximas 48 horas, agasaje a su equipo con algún símbolo material (¿qué le parece una torta con la forma de … su proyecto?) del gran trabajo que están cumpliendo y del Proyecto UAUU.

42a.

Recuerde: el gurú del diseño de productos David Kelley dice: "Premie por igual el éxito y el fracaso. Castigue la inactividad". Esto es muy fácil de decir/escribir pero, para muchos "tradicionalistas", difícil-como-el-demonio de comprender... y de poner en práctica.

El quid de la cuestión

Es axiomático. Si la Creación Rápida de Prototipos es la religión imperante ... la Rápida Metida de Pata es la santa más evidente y visitada. (Bueno, el verdadero santo es el Triunfo Rápido, pero la Rápida Metida de Pata es, sin duda, sagrada ... cuando se está en la búsqueda del Triunfo Rápido.)

Es axiomático: los Ensayos Rápidos engendran Fracasos Rápidos. Lo cual —por supuesto— genera, a su vez, Ajustes Rápidos. Lo cual —por supuesto— conduce a los Grandes Éxitos. *¡Lo cual es la condenada idea de todo este asunto!*

Y, además: es algo que se encuentra ausente en la mayoría —¿*98 por ciento?*— de las grandes organizaciones.

Así que ... sin trampas ni retaceos ... **¡C-E-L-E-B-R-E ESOS FRACASOS RÁPIDOS!** Recuerde la histórica frase pronunciada por Phil Daniels, participante del seminario de Sydney: ¡*Premie* ... los excelentes/no-

bles/honestos /sensacionales ... fracasos! *¡Castigue...*
los éxitos mediocres!

Un Proyecto UAUU es exactamente lo opuesto de
un "éxito mediocre". Y, la verdad sea dicha, la búsque-
da/el procurar/el impulsar el logro del UAUU puede
conducir y conducirá a ... y sí ... a fallas en el proyecto.
Pero —tal como yo lo veo— es mucho mejor buscar-un-
UAUU-que-estalla ... que pasarse meses (¿años?)
trabajando para lograr un "éxito" no-UAUU, no-memorable.
De modo que ya sabe: celebre esas "extralimitaciones" ...
producto del "Celo-por-la-excelencia-que-salió-*mal*". (Y
... a veces ... *muy mal.*)

C.P.H./¡Celebre los fracasos!

1. ¿Ha brindado usted (el jefe del proyecto/de la
unidad operativa) aplausos/elogios —*en este mes*— a
aquellos integrantes del equipo que trataron de alcanzar
las estrellas ... y se golpearon duramente en el intento?
No, no es una broma ... ni una idea abstracta tirada al
azar:

¡ESTOY HABLANDO DE CELEBRAR
LAS "EXCELENTES" METIDAS DE PATA!
¡E-X-P-L-Í-C-I-T-A-M-E-N-T-E!

2. Considere la posibilidad de otorgar un premio
semanal a la "Mejor Metida de Pata". Por ejemplo, un **pie
de bronce**, que permanecerá durante toda la semana en
poder del ganador. *¿Por qué no?*

3. Cuente anécdotas ... pública y regularmente
... acerca de intentos de "alcanzar-las-estrellas", aun

cuando **(normalmente)** hayan traído aparejados reveses **(y, a veces, i-m-p-o-r-t-a-n-t-e-s reveses)** a lo largo del camino. ¿Comunica usted en forma clara y que no deja lugar a dudas que es totalmente consciente de que esos reveses se producirán; y que, de hecho, usted los recibe como algo positivo/**los valora**/ los c-e-l-e-b-r-a?

43.

¡BREVE PAUSA Y VOLVEMOS!
LA CLAVE AQUÍ ES LA ACCIÓN. ¡CORRECTO!
PERO: NO DEJE QUE EL FANATISMO POR
LA ACCIÓN LO APARTE
DE SU RUMBO HACIA EL ¡UAUU!/ LA
¡BELLEZA! / LA ¡REVOLUCIÓN! /EL
¡IMPACTO! /LOS ¡FANÁTICOS RABIOSOS!

Mientras defiende la velocidad vertiginosa, no deje de levantar la bandera del ¡UAUU! en cada curva. Por ejemplo: *cada* prototipo (por rápida que haya sido su creación) *tiene que ser* un prototipo Hermoso/¡UAUU! Otra idea: cada tanto, saque a su equipo de su entorno habitual por un día a fin de reflexionar acerca de los abarcativos principios del UAUU, y siga preguntándole a ese "asesor respetado":

"¿Sigue MI PROYECTO teniendo el aroma del 'UAUU'?"

El quid de la cuestión

Mensaje: Nunca —¡jamás!— deje de lado/olvide: UAUU /BELLEZA /REVOLUCIONARIO /FANÁTICOS RABIOSOS/ IMPACTO. El espíritu de esta sección dedicada a la "Implementación" es la velocidad/acción: ¡Inténtelo! ¡Póngalo a prueba! ¡Equivóquese! ¡Ajústelo y adécuelo! ¡A-H-O R-A!

Y yo apoyo —¡por completo!— ese espíritu como la Regla N° 1 del Implementador.

Sin embargo: en el apuro de probar-ajustar-probar, no deje que el ¡UAUU! (etc.) pase, inadvertidamente, a segundo plano.

Es algo que puede suceder con mucha facilidad. Usted está corriendo como loco, haciendo lo imposible por cumplir los plazos. Y ya están apareciendo los ensayos exitosos. PERO… ¿EL PROYECTO SIGUE SIENDO ALGO **TAN-SENSACIONAL-QUE-NO-SE-PUEDE-CREER?** Porque, si no lo es … toda la velocidad del mundo no hará que logre otra cosa que, simplemente ¡correr sin moverse de su lugar! Vuelva a los primeros principios (enunciados en este libro): Manténgase en contacto con el Filón Principal/la Inspiración/el ¡UAUU!… a toda costa.

C.P.H. /¡Recuerde el UAUU!

1. Hable del UAUU t-o-d-o-s-l-o-s-d-í-a-s. ¡En serio! *(¡Carajo!)*

2. Escriba recordatorios del UAUU (por ejemplo, e-mails a intervalos regulares) que hagan que todo el mundo vuelva a concentrarse en la dimensión del UAUU… por más urgentes que sean las tareas /los hitos trascendentales del momento.

3. Al promediar el proyecto … **reúna a todo el equipo** … en algún lugar … y pregúnteles si habría que seguir adelante con el proyecto o no.

Es decir: ¡¿Será un Proyecto UAUU?!

44.

Así que . . . ya sabe: aliente y estimule activamente esa "personalidad del proyecto".

El quid de la cuestión

La-identidad-lo-es-todo. Esto es lo que los astutos "marketineros" nos dicen . . . para explicar el perdurable éxito de Coca Cola . . . de IBM . . . de BMW . . . y el reciente éxito de Starbucks . . . de Nike . . . de Intel.

Pero ¿esa "identidad", está limitada a las marcas de las Grandes Corporaciones? No lo creo. De hecho, creo que crear (y mantener) una identidad —al estilo de Starbucks/ BMW— está muy cerca del corazón de la "excelencia de la implementación" para el Promotor /Líder de un Proyecto UAUU. (A pesar de que —¡sábelo Dios!— no encontrará —**¡como de costumbre!**— ni el menor vestigio de esa idea en ninguna "guía"/ "manual" sobre gerenciamiento de proyectos.)

Proyecto UAUU = Carácter = Personalidad = Marca = Identidad.

C.P.H./¡Identidad! ¡Carácter!

1. ¿Qué está pasando aquí? ¿Qué estamos tratando de hacer? **¿QUÉ REPRESENTAMOS?** Trabaje —asiduamente— en torno de estas preguntas. Constituyen una parte importante de la implementación "normal". Después de todo: ¿Para qué "implementar" si no para Representar-algo-claramente-diferenciado/importante?

2. ¿Qué **es** *identidad?* Hable el tema con su equipo … en general … y en particular en el contexto de su futuro Proyecto UAUU.

3. Llame a un amigo —o a un amigo de un amigo— que sea "asesor de identidad". Invítelo/la a almorzar. Pídale que les dé una charla, a usted y a su equipo, sobre la identidad al estilo de Starbucks … tal como podría ser aplicable a su proyecto "normal". (Recuerde mi premisa: Ningún proyecto tiene por qué ser "normal". Todo/cualquier cosa puede llegar a ser la parte delgada de la cuña que impulsa la transformación y el UAUU!)

4. El ego ante todo: Vea nuestro próximo libro *El Diseño + Identidad50.* (Lo hemos incluido en esta serie precisamente porque creemos fervientemente que la identidad —tanto del proyecto como individual— es imprescindible para el Éxito en el Nuevo Orden Mundial … en el que Destáquese o Bájese del Escenario es el ineludible mantra-axioma.)

45.

AMPLÍE UN POCO/MUCHO
EL ALCANCE DE SUS REDES.

Con el tiempo tendrá que ingresar —más o menos— en la corriente. No demasiado pronto. Pero sí con el tiempo.

Es decir ... usted debería empezar a tentar/provocar también a "Los de Traje & Corbata".

Difunda —de alguna manera— las historias de éxitos de sus ensayos y pruebas a medida que se vayan produciendo. Efectúe algunas (pocas) presentaciones informativas "públicas". Agregue algunos de "los de traje & corbata" a su cada vez más amplio Consejo de Asesores.

El quid de la cuestión

A medida que el proyecto tenga éxito, deberá dejar de lado (paradójicamente) su piel de transgresor y revolucionario y abrazar **(sí ... ¡abrazar!)** al "enemigo"/ a los de "traje & corbata". La red debe ser echada sin titubeos —y graciosamente— en dirección a quienes ayer eran los Incrédulos (agresivos/enojados con usted) como el apóstol Tomás.

La cosa es muy simple: Si su proyecto / su "bebé" tiene que ir a la corriente, entonces... bueno, entonces usted tiene que aliarse con esa corriente.

Punto.

C.P.H./¡Corteje a "los de traje & corbata"!

1. Cambie sus galones. Arríe su bandera de pirata. **¡Empezaremos a navegar por la corriente, querido!**

2. Esto lo digo para que lo tome al pie de la letra: Establezca un Plan para Vender a los de Traje & Corbata, formal, riguroso e impetuoso. Comience, por ejemplo, con una serie de reuniones informativas –**¡¿25 en 25 días?!**– para compartir su (ahora casi-totalmente-desarrollado) proyecto, con los fanáticos de "la corriente"/los contadores/los fanáticos de sistemas; invítelos a presenciar algunas demostraciones y pasee su show por los caminos... es decir, lléveles sus demostraciones).

3. Incorpore a representantes de los de Traje & Corbata a su equipo. Bueno ... es cierto que "ellos" lo despreciaron olímpicamente hace apenas tres meses. ¿Qué va a hacer? ... Usted los necesita ... ¡ahora!

Así que ya sabe: reclútelos ...
ámelos ...

úselos ...

deje que ellos lo usen a usted ...
incorpórelos ...
haga que se sientan "parte de la familia"
(¡aunque le produzca arcadas!)

46.

CON EL TIEMPO, LA CLAVE DE LA IMPLEMENTA-
CIÓN *NO* ES VENDER EL PROYECTO A LOS DE ARRIBA;
ES TENER UN GRUPO DE USUARIOS DESDE UNA ETAPA
TEMPRANA DEL PROYECTO, QUE PÚBLICAMENTE LE *PI-
DAN (SUPLIQUEN)* ... *MÁS*... Y ... *MÁS* ... Y MÁS.
EN VOZ TAN ALTA, QUE "LOS DE ARRIBA" NO PUEDAN
IGNORARLOS (NI TAMPOCO A U-S-T-E-D).

Por ejemplo: Trabaje en forma proactiva en el "marketing boca-a-boca", prácticamente desde el primer día
del proyecto. Coleccione y difunda "pequeñas" historias
testimoniales y de éxitos. (Sugerencia: buenas historias = buen marketing.)

El quid de la cuestión
Mensaje:
**El éxito de la "Implementación" radica en
tener clientes "de la primera hora" que nos adoren
y adoren nuestro proyecto/producto final, y que
transmitan Brillantes Testimonios al respecto.**

¡Estoy furioso! (¡Ya lo dije antes!) Los-
clientes-como-nuestros-principales-publicistas es un
tema que, simplemente, no suele ser parte de la

literatura sobre "gerenciamiento de proyectos". Y reitero: ¡qué cosa indeciblemente estúpida!

A esta altura de nuestro Proyecto UAUU, nos encontramos en un estado de ánimo de promoción en serio, de expansión y de ventas. De ensanchar nuestra red de partidarios. Y también de trabajar, sobre nuestra red de usuarios.

Ahora necesitamos un compañero de equipo (uno ... o más de uno) que "maneje" nuestra naciente Comunidad de Usuarios.

Ahora tenemos que organizarnos a fin de construir una comunidad de usuarios de amplia base.

C.P.H./Usuarios como fanáticos extravertidos.

1. Fije una Reunión Grupal de Usuarios ... **hoy mismo**. Empiece a convertir a sus usuarios en una ruidosa pero organizada banda de "bastoneros", a medida que usted vaya ensanchando el alcance del proyecto. Designe a alguien de su equipo —o incorpore a un nuevo integrante— para que actúe como Coordinador del Grupo de Usuarios. Es decir:

Formalice y sistematice el proceso.

2. ¡U-t-i-l-i-c-e al Grupo de Usuarios! Sí, estamos hablando de "ventas" ... sin duda alguna. Pero usted está ingresando también en la etapa de afinación del proyecto. Las docenas de pequeñas mejoras que los usuarios reales recomiendan constituirán la diferencia entre éxito... y fracaso ... para todo el proyecto. (Sí, un abyecto fracaso —o un "éxito mediocre"— sigue siendo una probabilidad. ¡No lo olvide!) Una vez más insisto: *Sistematice* este proceso de obtener/absorber la información de los usuarios.

47.

Sin embargo, muchos no lo ven así. Los "administrativos", por lo general, siguen el enfoque de "Si-lo-producimos-los clientes-vendrán". ¡Desastroso!

La idea clave, una vez más: **El boca-a-boca no se genera automáticamente.** Pero *puede* ser creado, a través de la inversión de tiempo y/o $$$$$. Sin un B.A.B... nadie hablará de usted y de su producto.

El quid de la cuestión

Ahora —a medida que la fase de implementación va ganando en solidez— estamos hablando de un marketing sin limitaciones/trabas.

Sin marketing, usted no es   n-a-d-a.

Marketing/Relaciones Públicas/ Zumbido/ Boca a Boca es, obviamente, una disciplina profesional en sí misma. ¿Ha llegado el momento de contratar —o pedir prestado— un "verdadero" ejecutivo de marketing a tiempo completo, para dar el impulso final al proyecto? ¡Quizá!

Una lección que se desprende del estudio de "equipos": en las distintas fases de un programa/proyecto se necesitan diferentes tipos de líderes. Quizás ahora sea el momento de asignar el liderazgo de facto al potencial gurú en marketing del equipo ... o a un tercero contratado para cumplir con esa tarea. ¡PIÉNSELO ... LARGO Y TENDIDO!

C.P.H./El boca-a-boca: ¡que la gente hable!

1. Estudie el desarrollo de Grandes Proyectos-/Productos: la primera Mac de Apple ... Windows95 ... la Mach3 de Gillette ... el nuevo Escarabajo de la VW. Tome el marketing y el boca-a-boca muy en serio ... como un aspecto estratégico que exige su más absoluta atención. Este tema es real y genuino —no simples nubes de humo y espejismos— y requiere ser considerado a conciencia.

2. Designe (o contrate) un Gerente del Boca-a-Boca. (Ya mismo.)

3. Desarrolle un plan formal de Marketing/Boca-a-Boca ... incluso si sólo se trata de un proyecto de seis semanas. (No importa: las ventas s-i-g-u-e-n *siendo* las ventas) Sea tan imaginativo/pleno de energía en la creación del programa de Manejo del Boca-a-Boca como lo fue al definir la esencia misma del proyecto. Es aquí donde toda la estructura se le puede venir abajo ... si no maneja las cosas m-u-y en serio. Y les presta m-u-c-h-a atención.

INSISTO:
IMPLEMENTACIÓN
ME RETIRO
PROYECTO UAUU

En McKinsey & Co., yo era el tipo que tenía a su cargo ese pequeño proyecto estúpido y sin importancia. Que se convirtió en *En busca de la excelencia*. (Y en un enorme programa/competencia central para McKinsey.) Esto es lo que aprendí de todo eso, ahora que lo veo, en retrospectiva:

1. Sea ingenuo. Nada cuenta tanto como la ignorancia, incluso si es deliberada. Es lo que aquellos que practican el Zen denominan "cultivar la mente del principiante". Yo realmente me estaba estrenando... en McKinsey, en términos de "hacer que algo suceda". Sabiendo lo que hoy sé acerca de ellos, nunca habría aceptado esa tarea. (Gracias a Dios, no sabía cuánto no sabía.)

2. U-s-t-e-d tiene que creer ... ¡y tener una causa que defender! Realmente creía en la eficacia organizativa de mi proyecto. Y realmente estaba convencido de que McKinsey lo hacía todo mal, es decir, que ponía demasiado énfasis en la estrategia y demasiado poco en la cultura de la organización y en la implementación.

3. Esté preparado para soportar que lo jodan. A mí me maltrataron algunos de los mejores y más brillantes integrantes de McKinsey ... y también los más poderosos. Por lo general soy timorato... pero en aquellos momentos creía en lo que hacía (¡y me encantaba mi trabajo!), así que aguanté. (Por espacio de cuatro años … después … bueno, ya era suficiente.)

4. Usted necesita —desesperadamente— unos cuantos amigos/compinches. Yo tenía un amigo de verdad (Allan Kennedy.)

Era más inteligente que el demonio y su apoyo —y su fe en mí y en la esencia del proyecto— fue lo que me cambió la vida.

5. Me rompí el culo trabajando. El excéntrico/subversivo —en este caso, yo— tiene que mostrarse más duro de lo que es y trabajar más que sus contrincantes.

6. Abarque un radio más amplio al echar su red. Allen Puckett, otro mentor de MacKinsey, me enseñó a buscar aliados donde fuera, por lejos que fuera. Tuve una interesante serie de exóticos "partidarios". Lo cual me ayudó. Mucho.

7. Para lograr una g-r-a-n diferencia, es necesario reformular el tema. *Yo/nosotros terminamos redefiniendo la idea básica de la "eficacia organizativa" dentro del contexto de la práctica de McKinsey … y, en cierta medida, reformulamos el mundo en general.*

8. Tiene que ser coherente. Con la (¡gran!) ayuda de mi jefe y amigo Bob Waterman armamos y comunicamos un paradigma entendible. (Odio el generalizado uso excesivo del término, pero creo que aquí merece ser aplicado.) Armamos un "modelo coherente" —el denominado "Marco referencial 7-S de McKinsey"— que el grueso de la gente de la empresa pudiera entender ... y usar. ¡Y todavía usan ... 20 años después!)

9. Reitere. Seguí jugando ... y jugando. Nunca consideré que ya estaba todo bien.

10. Publíquelo ... en una etapa temprana. Era pavoroso... pero muy desde el principio yo/nosotros expusimos todo ... en público ... a través de la publicación de artículos y seminarios. Soportamos algunos traspiés. Pero aprendimos muchísimo. Y muy rápido. (Es una forma muy moderada de decirlo.)

11. Construya una red de "no poderosos". Algunos de "mis" primeros partidarios son ahora hombres y mujeres famosos. No lo eran en aquel momento. Lo que considero importante es: consiga personas "sensacionales" y comprometidas. No se preocupe si tienen o no tienen poder.

12. Reclute ... hasta el cansancio. Para meter mis ideas "en el sistema", tuve que buscar y reclutar gente constantemente. Sólo cuando uno teje una telaraña mundial hay probabilidades de éxito .

13. Lejos = Bueno. Yo estaba a 3.000 kilómetros de la casa matriz (San Francisco vs. Nueva York). ¡Eso también ayudó!

14. Valore la capacidad de los de abajo. Hubo otro proyecto paralelo en McKinsey, que era un negocio (mucho) mayor. De nosotros se esperaba ... muy poco.

Lo cual fue una gran ventaja. (¡Los tomamos por sorpresa, a esos hijos de puta!)

15. Arriesgue el pellejo en g-r-a-n-d-e. Montamos un gran show —un seminario de cinco días en el que estaban comprometidos altos y muy altos ejecutivos— bastante al comienzo de la vida del proyecto. Fue un **G-R-A-N** riesgo. Y valió la pena. (Visto desde la perspectiva actual.) Demostramos que éramos lo suficientemente reales / sólidos / interesantes como para concitar la atención de gente importante.

16. Busque a alguien que lo proteja. Yo no habría podido sobrevivir de no haber tenido una buena protección ... concretamente, la de Bob Waterman, un tipo peculiar pero perteneciente al establishment.

17. No sea un tipo jodido. Yo tenía una misión. Tenía fe. Rechazaba la sabiduría convencional ... en el seno de una institución m-u-y orgullosa. Pero me dieron un buen consejo: ¡SÉ AMABLE Y SIMPÁTICO! Es decir , no se sienta ofendido —ni lo tome como algo personal— cuando las cosas no van como usted quisiera. Sea el primero en llegar a la reunión ... vestido de manera conservadora, cortés, etc. (A veces no resultó fácil ... por ejemplo, cuando alguien a quien yo no respetaba clamaba por mi cabeza. Y, con el tiempo, me convertí en un hijo de puta —para el establishment— en lo relacionado con mi proyecto. Y me fui. Traduzco: me empujaron.)

18. Caer bien en las altas esferas nunca daña. Si hubiésemos fracasado, nadie habría derramado una lágrima por nosotros. Por otra parte, dos (grandes) personajes de los niveles superiores —Ron Daniel y Warren Cannon— simpatizaban con nuestra/mi causa.

* * *

Por supuesto, la historia es mucho más larga. Pero éstos son unos pocos hitos ... que subrayan y resumen muchos de los principales mensajes presentados en esta sección del libro.

IV. ¡gran final!

IV. ¡Un tiempo para cada cosa!

El Sr. Gingrich conmovió la historia... Toneladas de agallas es parte de lo que le permitió llegar a la presidencia de la Asamblea Legislativa, junto con un optimismo y una imaginación casi demenciales .. [Su] visión de sí mismo estaba tan influida por su "ser diferente", su "ser alguien de afuera", que el hecho de que ahora fuera alguien "de adentro" no le entraba en la cabeza.

—*Wall Street Journal,* 9 de noviembre de 1998 (cuando Newt Gingrich renunció a la presidencia de la Asamblea Legislativa)

Difícilmente, el arquitecto-constructor del túnel que pasa bajo el Canal de la Mancha, sea también su mejor director de operaciones. Esto es obvio. Lo mismo ocurre con prácticamente todos los proyectos: el entusiasta-soñador-vendedor-incansable-creador-de-prototipos probablemente resulte un pésimo candidato para la supervisión del proyecto a nivel cotidiano o para asumir la responsabilidad de la afinación superminuciosa que hace falta para que todas las piezas del sistema encajen a la perfección. De ahí que siempre llega un momento en que hay que celebrar el Éxito ... entregar las riendas ... renunciar ... refrescarse/ ... y encarar la concreción del Próximo Sueño Imposible ... también conocido como Proyecto UAUU.

48.

Hasta ahora la cosa fue "nosotros" contra "ellos" ... en un viaje divertido, duro y lleno de emociones. Pero ahora ha llegado el momento de bailar con los de Traje & Corbata, si realmente queremos lograr un impacto total. Ello significa que usted tendrá que metamorfosearse y pasar de ser el revolucionario-rey-de-todo-lo-vivaz-y-brillante-y-sucio del proyecto al empático oyente y adalid de sistemas, procedimientos e infraestructura.

O sea: (1) **Tiene que hacerse el simpático con la gente que estuvo tratando de frenarlo/desalentarlo durante los últimos ocho meses;** (2) **tiene que aprender a amar los manuales de procedimiento que encierran su proyecto en un marco de referencia concreto. Recuerde: éxito real/perdurable = encerrarse en la corriente masiva.**

En el país de los proyectos nuevos, ésta es la dolorosa transición de gerenciamiento "emprendedor" a gerenciamiento "profesional". No son muchos los que pueden hacer esa transición con facilidad. Lo cual puede llegar a significar que le llegó la hora a Otro Comandante Supremo.

El quid de la cuestión

¡Vuelva la otra mejilla! Su bebé —su Proyecto UAUU— tendrá un impacto duradero sólo si deja el amoroso nido en el que fue cuidadosamente criado y alimentado y hace impacto en la corriente general, si entra a ocupar el centro de la escena. La espinosa piel del revolucionario debe cambiarse por la más sedosa del administrador. **ESTO ES ASÍ Y NO HAY VUELTA.**

C.P.H./Pasando al centro de la escena

1. Agrande su equipo. Otra vez. *Y* otra vez. Y después otra vez más. Incorpore a los "tipos del sistema". Empiece a trabajar

¡asiduamente!

en el desarrollo del manual de procedimientos y de la documentación que facilitará la amplia adopción de su "producto final" y su integración a los procedimientos cotidianos de la empresa.

2. Haga —**¡buenas!**— migas con el área de Sistemas de Información. Con RR.HH. Con Finanzas. Con ... lo que fuera. Allane el camino para ingresar en una fase totalmente nueva del proyecto. En su "estrategia de los almuerzos " (el tiempo dedicado a reclutar partidarios), pase de buscar tipos excéntricos y marginales a reclutar tipos integrados al establishment, puros y no adulterados.

3. Reclute "líderes" levemente marginales en cada una de las áreas clave —RR.HH., Sistemas de Información,

Finanzas, etc.– que se convertirán en los nuevos pastores de su proyecto en esta nueva –y crucial– fase.

NO SE ENGAÑE CREYENDO QUE EL EQUIPO DE PIRATAS/TRANSGRESORES (USTED INCLUIDO) PUEDE LLEVAR ADELANTE ESTA ETAPA.

SUGERENCIA. **¡NO PUEDE!**

48a.

El quid de la cuestión

En las altas esferas de la empresa esto se denomina "planificación de la sucesión". Es algo, a menudo, muy mal encarado ... ignorado hasta último momento ... o irremediablemente politizado. Y, sin embargo, no es exagerado afirmar que constituye la clave de su legado.

De ahí mi sincero y sentido consejo: Tómese la "planificación de la sucesión" en serio. (Es tan importante para el Proyecto UAUU como lo es para la empresa el encontrar un nuevo CEO.) Dedíquele tiempo ... mucho tiempo. Busque —lejos y cerca y con audacia— un jefe para el seguimiento que tenga la inamovible pasión y la capacidad necesaria para conducir la próxima etapa de la vida del proyecto. Demore su partida hasta tanto no haya hecho lo máximo para asegurar una transición fabulosa y sin trastornos.

C.P.H./Encuéntrelo: "Mi brillante sucesor".

1. Ponga toda su energía en la búsqueda de un sucesor inspirado y con vocación a medida que su "era" —como debe ser— se acerca a su término.

2. Estudie "planificación de la sucesión". Hable con asesores especializados en el tema.

3. Permanezca a cargo del proyecto ... hasta que organice su sucesión de modo "correcto". O ... lo mejor que pueda.

Repito:

Esto es importante.
Lleva tiempo ...
Requiere imaginación ...
Habilidad política ...
Energía emocional ...
Y: una cierta dosis de altruismo.

(¡Pilas de cada cosa!)

49.

El quid de la cuestión

Aquí tenemos dos g-r-a-n-d-e-s ideas:

(1) Cuide a los integrantes de "su" tropa. Son veteranos orgullosos y curtidos. ¡Asegúrese de que caigan parados!

(2) Siga los lineamientos de mi revolucionario amigo de la Fuerza Aérea estadounidense, el general Bill Creech, ex jefe del Comando Aéreo Táctico:

DEDIQUE M-U-C-H-O TIEMPO A UBICAR A SUS MONSTRUOS/MUTANTES/PORTADORES DEL VIRUS UAUU EN POSICIONES, DENTRO DE LA EMPRESA, DONDE PUEDAN DIFUNDIR SU REVOLUCIONARIO NUEVO EVANGELIO.

C.P.H./¡Siembre las semillas!

1. Trabaje (largo y duro) con toda su red, a fin de encontrar ubicación para *cada uno* de los miembros de su equipo. Puntos clave. Tal vez no posiciones de "poder"... pero sí posiciones influyentes a partir de las cuales puedan difundir su (¡también el suyo!) mensaje audaz y creativo a lo largo y a lo ancho. (Sugerencia: uno de los fabulosos beneficios colaterales: usted se ganará reputación de "tipo que cuida a su gente". Ello le será útil —¡de manera inconmensurable!— cuando pida ayuda en el futuro. ¡Y pedir, la va a pedir!)

2. *ESTO ES S-U-P-E-R IMPORTANTE.*

Y, POR LO GENERAL, OLÍMPICAMENTE IGNORADO.

Falle en esto ... y el impacto a largo plazo del proyecto ... incluso a esta altura del partido ... sufrirá un daño importante.

50.

Envíe 100 —o 250 o 2.500— notas de agradecimiento. (¡Nunca pierda de vista su "red de contactos"!)

Échele bendiciones a su sucesor. Tómese unos días (¡semanas!) libres.

Y después ... empiece todo de nuevo.

Así es la vida de los profesionales "superestrella" de Proyectos UAUU.

El quid de la cuestión
¡Hora de celebrar!

¡Festeje! ¡Alégrese! ¡Escriba la historia del equipo! ¡Arme un álbum de fotos! ¡Descanse! ¡Distiéndase!

(Y ... después ... ¡empiece todo de nuevo!)

C.P.H./¡Celebre y lárguese!

Planifique —cuidadosamente— una monstruosa fiesta de celebración. O una serie de celebraciones festivas.

Derroche halagos para todos y cada uno ... de los que ... ayudaron aunque sea en lo más mínimo.

Genere una floreciente aura de buena voluntad ... y de importancia ... en torno a su proyecto.

A continuación... después del toque de silencio ... váyase. Rápido. Elegantemente.

(LLEGÓ SU HORA Y ... PROBABLEMENTE ... TAMBIÉN PASÓ.)

EPÍLOGO:
¿PRESENTE EN LA CREACIÓN?

En la película *Patton* se ve al actor George C. Scott frente a una inmensa bandera estadounidense, exhortando a los aspirantes a reclutas del ejército. "Y cuando sus hijos les pregunten —grita en un momento dado—: 'Papito, ¿qué hiciste tú durante la Segunda Guerra Mundial?', no tendrán que contestarles: '¡Estuve paleando mierda en Louisiana!'"

Yo también alcancé un paroxismo casi Pattoniano/Scottiano cuando, en el otoño de 1998, hablé frente a miles de gerentes de Sistemas de Información abocados a la instalación de sistemas ERP *(Enterprise Resources Planning Systems)*. Esos sistemas, juré, son el motor de la abarcadora revolución de los cuellos blancos. Sin embargo, la mayoría de los proyectos a los que estaba abocada aquella gente eran más bien tímidos o, por lo menos, se hallaban muy lejos del potencial que tiene el sistema.

De modo que me acordé de la frase de Patton/Scott (en honor a la verdad, incluso imité los gritos de Scott) y les pregunté: "Y cuando sus hijos les pregunten: '¿Papito, qué hiciste tú durante la Revolución de la Competitividad del Siglo Veintiuno?', ¿van a contestar: 'Estuve paleando los viejos paradigmas de mierda de [aquí no quiero hacer quedar mal a ninguna ciudad]?'".

* * *

O sea:
¿Dónde diablos quedó el U–A–U–U?

* * *

Conozco todas las excusas —políticas internas, jefes que se quedaron en el tiempo, etc.—, pero ninguna es relevante, al menos desde mi perspectiva. "Ustedes son los bendecidos —terminé diciendo—, los profesionales que tienen la clave de la caja fuerte. Ustedes deciden si quieren jugar o no en este partido . . . o si quieren ganar o perder. ¿Se dirigirán con audacia hacia un futuro diseñado por ustedes mismos? ¿Concretarán UAUUs? ¿O van a quedarse sentados en el banco, produciendo 'éxitos mediocres' mientras esa revolución única, que se produce una vez cada quinientos años, pase de largo haciéndoles pito catalán?"

¡El Movimiento!

¡Qué audacia! ¿Iniciar un Movimiento? Eso es exactamente lo que nos proponemos hacer.

Título: ¡El Trabajo Importa!

O: El Movimiento Anti-Dilbert.

Estamos hartos de quejas y gemidos contra los pésimos jefes. (O empresas.) Se trata —tal como nosotros lo vemos— de nuestra vida misma. Vivir ... o perder. Formar ... o permitir que nos formen.

Dilbert es muy gracioso. ¡Y ahí está el problema! Dilbert no sólo encarna el cinismo (una emoción que aprecio), sino también la aceptación de facto de su impotencia. ¡Impotencia! ... en el momento más sensacional que se haya visto en siglos para destacarse en algo. Y es ahí donde yo trazo una línea.

Es mi vida. Para vivirla ... plenamente. O no. Y lo que pretendo es vivirla plenamente. Y creo que en esto no estoy solo.

Así que mis colegas y yo estamos ... con toda audacia ... iniciando un movimiento:

¡El Trabajo Importa!

Y lo invitamos a unirse a nosotros. El costo de la cuota de ingreso es: El tiempo que le lleva tipiar **www.tompeters.com** en su navegador de Internet.

¡Bienvenido a bordo!

(P.D. Usted habrá notado el tamaño exagerado del ! en los párrafos anteriores. No es casualidad ni accidente. Ése es nuestro símbolo ... el signo de admiración ... lo más lejos de Dilbert que se puede llegar, ¿eh?)

www.tompeters.com

Historias UAUU. Como usted ya se habrá dado cuenta, la literatura sobre "gerenciamiento de proyectos" no es lo que más me gusta. Pero existe una **maravillosa** "literatura sobre proyectos": las historias UAUU. Por ejemplo...

ORGANIZING GENIUS: THE SECRETS OF CREATIVE COLLABORATION, por Warren Bennis y Patricia Ward Biederman (Reading, MA: Addison-Wesley, 1977). Brillante análisis humanístico de Lockheed Skunk Works, Disney Feature Animation Unit y otros "Grandes grupos en busca de Proyectos UAUU", como las llama el autor.

HOT GROUPS: SEEDING THEM, FEEDING THEM, AND USING THEM TO IGNITE YOUR ORGANIZATION, por Jean Lipman-Blumen y Harold Leavitt (Londres: Oxford University Press, 1999). Un cercano —y poco frecuente— pariente del libro de Bennis y Biederman. Muestra a grupos abocados a "trabajos calientes" . Las bases del trabajo en el nuevo milenio.

THE SOUL OF A NEW MACHINE, por Tracy Kidder (Boston: Little, Brown, 1981). Este clásico sigue el desarrollo día por día de una nueva computadora en la empresa Data General. Un resumen se encuentra en el Capítulo 10 de mi libro *A Passion for Excellence*. Ver también *House*, el maravilloso libro de Kidder (Boston: Houghton Mifflin, 1985).

THE MAKING OF THE ATOMIC BOMB, por Richard Rhodes (Nueva York: Simon & Schuster, 1986). Un gigante del suspenso rastrea a la Madre de Todos los Proyectos: el Proyecto Manhattan.

THE INVENTION THAT CHANGED THE WORLD: HOW A SMALL GROUP OF RADAR PIONEERS WON THE SECOND WORLD WAR AND LAUNCHED A TECHNOLOGICAL REVOLUTION, por Robert Buderi (Nueva York: Simon & Schuster, 1996). Pariente cercano del libro sobre la bomba.

747: STORY OF THE BOEING SUPER JET, por Douglas Ingells (Fallbrook, CA: Aero Publishers, 1970). ¡Esto sí que es drama y emoción! (¡Y un Proyecto UAUU!)

ENDURANCE: SHACKLETON'S INCREDIBLE VOYAGE, por Alfred Lansing (Carroll & Gray, 1999). Los relatos de los exploradores árticos y antárticos son historias acerca de genuinos Proyectos UAUU. La aspiración. El "trabajo de venta". La política. La formación de un Equipo. El éxtasis. La agonía. Este libro sobre el viaje a la Antártida de Sir Ernest Shackleton encabeza mi lista. Ver también *The Worst Journey in the World*, por Apsley Cherry-Garrard (Carroll & Gray, 1997), sobre el último viaje a la Antártida de Robert Falcon Scott. Y, con un clima similar, *Into Thin Air* por John Krakauer (Nueva York: Anchor Books, 1999); una vez más, la importancia está en los detalles... y en la política... y en la pasión por hacer y romper Proyectos UAUU; en este caso, el asalto al Monte Everest llevado a cabo en 1996.

THE DEVIL'S CANDY: THE BONFIRE OF THE VANITIES GOES TO HOLLYWOOD, por Julie Salamon

(Boston: Houghton Mifflin, 1991). Aprenda *un montón* del fracaso de un proyecto, al estilo hollywoodense.

LEONARD BERNSTEIN: REACHING FOR THE NOTE, grabación en vídeo dirigida por Susan Lacy, 1998.
Habla de alguien que siempre buscó el UAUU en sus proyectos, a menudo no alcanzó su objetivo... y sin embargo fue el hombre-del-siglo-en-música.

* * *

General. Los libros sobre campañas políticas y militares también cumplen con los requisitos como lectura afín al tema tratado. Lo esencial: este tipo de literatura conforma una crónica del ¡UAUU!, las angustias, la dimensión humana... que brilla por su ausencia en casi toda la literatura "formal" —y, en gran medida, contraproducente— sobre proyectos/gerenciamiento de proyectos. Algunos ejemplos recomendables:

THE MAKING OF THE PRESIDENT 1960, por Theodore Harold White (Nueva York: Atheneum Publishers, 1961). (Ver también *The Making of the President 1964, 1968 y 1972.)*

PRIMARY COLORS: A NOVEL OF POLITICS, autor anónimo... también conocido como Joe Klein (Nueva York: Random House, 1996). Olvídese de su opinión sobre Nuestro Hombre de la Casa Blanca; él llegó hasta allí... y usted y yo, no... y el proceso fue un Proyecto UAUU. (¿De acuerdo?)

THE WAR ROOM [videograbación]/Pennebaker Associates Inc. & McEttinger Films, Inc., Vidmark Entertainment, 1994. James Carville ... de cerca y en vivo.

ALL'S FAIR: LOVE, WAR, AND RUNNING FOR PRESIDENT, por Mary Matalin y James Carville, con Peter Knobler (Nueva York: Random House, 1994).

PATTON [videograbación]/Twentieth-Century Fox; argumento y guión por Francis Ford Coppola y Edmund H. North; dirigida por Franklin J. Schaffner. Patton fue un campeón de Proyectos UAUU... ¡a pesar de que sus habilidades políticas dejaban bastante que desear!

THE RICKOVER EFFECT: HOW ONE MAN MADE A DIFFERENCE, por Theodore Rockwell (Annapolis, MD: Naval Institute Press, 1992). ¡La creación de la marina nuclear fue toda una aventura!

DOC: THE STORY OF DENNIS LITTKY AND HIS FIGHT FOR A BETTER SCHOOL, por Susan Kammeraad-Campbell (Chicago: Contemporary Books, 1989). El Proyecto UAUU de Littky en Thayer High, Winchester, NH, es un ejemplo de tesón y resistencia frente al quinto poder. (Lo vi en vivo y en directo.)

* * *

Creatividad. Un Proyecto UAUU tiene que ver con una visión del mundo a través de una nueva óptica. No soy un tipo demasiado fanático por los "libros sobre creatividad". Pero hay algunas (pocas) excepciones:

AHA!, por Jordan Ayan (Nueva York: Crown, 1997). Para mi propia sorpresa, creo que debo de haber marcado la mitad de las páginas de este libro. Vea, asimismo, *How to Think Like Leonardo da Vinci*, por Michael Gelb (Nueva York: Delacorte Press, 1998. ¡Otro libro que invita a marcar las páginas!

SERIOUS PLAY, por Michael Schrage (Boston: Harvard Business School Press, 1999). Éste es, directamente, el mejor libro que he leído sobre "innovación". El tema central: la creación rápida de prototipos. Un bellísimo complemento es *Deep Play*, por Diane Ackerman (Nueva York: Random House, 1999).

Ver las fuentes citadas en www.tompeters.com.

AGRADECIMIENTOS

Paul Ryder@Ninthouse... a quien se le ocurrió la idea de *"Way Cool Project"*. (*Un proyecto muy sensacional*) audaz/creativo. Julie Anixter... que me dijo: "¿Cuáles son las 50 cosas que consideras más importantes en un proyecto?" (De ahí salió esta serie de *Listados50*.) Erik Hansen ... Gran Gurú de Proyectos UAUU para este libro y principal arquitecto, junto con Julie A., de **El Movimiento!** Sonny Mehta ... "el editor" ... que siempre tiene entre manos algo nuevo e interesante. Edward Kastenmeier (Knopf) y Sebastian Stuart (¡en persona!) ... por su corrección inspirada y minuciosa.

Ken Silva ... genio del diseño y Mr.! (Cómase los codos de envidia, Dilbert.) Alan Webber, que "capta la cosa" mejor que yo, y Cheryl Dahle en *Fast Company*... quien expuso todas estas ideas a la luz del día ... ¡en gran forma! El UAUUístico equipo de Proyectos UAUU Ninth House, que incluye a: Laurie Sain, Leslie Mullens, David Spitzer, Robin Harper, Bill O'Connor, Susan Baldwin y Jeff Snipes. Ron Crossland, Boyd Clarke, Rick King y Madeleine McGrath, de Tom Peters Company ... que se abocaron al Taller del Proyecto UAUU con vigor e imaginación. Esther Newberg, de ICM, quien impulsó el proyecto del libro con su habitual genio y tenacidad. El Gurú Mundial del Diseño de Knopf, Chip Kidd ... quien inventó el diseño, la diagramación y el espíritu de esta serie. Pat Johnson ... un hombre de profunda fe y gran maestro de marketing en Knopf.

Larry Holman, Bunny Holman, Linda Allin y Joe Brumley, de WYNCOM ... por aportar, en la serie de seminarios Lecciones de Liderazgo, la plataforma perfecta para catapultar mis ideas. Patrik Jonsson y Jim Napolitano, de Mulberry Studio, por traducir mis originales garabatos —sí, todos mis primeros borradores están hechos con una Bic sobre un block de papel amarillo— a algo utilizable. Sue Bencuya ... por chequear los datos. Elyse Friedman, Martha Lawler y Vincent Renstrom ... por su pericia editorial. Katherine Hourigan, sin cuya asistencia nada de todo esto se habría concretado ... Mel Rosenthal, quien ayudó a eliminar errores e incoherencias ... Andy Hughes y Quinn O'Neill, quienes convirtieron estas palabras en el libro terminado que usted tiene ahora en sus manos ... Merri Ann Morrell, cuyos esfuerzos sobrehumanos ayudaron a concretar estos libros. Ian Thompson y Michelle Rotzin ... por "cuidar el boliche" en Tom Peters Company, Palo Alto, California. Dick Anderson, Allen Puckett, Allan Kennedy, Walt Minnick, Bob Waterman y el ya fallecido Blake van Leer ... por enseñarme tanto acerca de Proyectos Sensacionales/Creativos/Audaces.

Y Susan Sargent ... mi mejor amiga y mentora ... por vivir una vida de Proyectos UAUU a una velocidad increíble, con agallas, tesón e imaginación ... y servir como un modelo de rol por excelencia.

Tom Peters
Cape Poge, Massachusetts
19 de julio de 1999

Tom Peters es co-autor de *En busca de la excelencia* (con Robert H. Waterman, Jr.) y *A Passion for Excelence* (con Nancy Austin), y autor de *Thriving on Chaos, Liberation Management, El Seminario de Tom Peters, En busca del ¡UAUU!, El círculo de la Innovación,* y la serie *Reinventando el Management.* Es el fundador de Tom Peters Company, con sedes en Palo Alto, Boston, Chicago, Cincinnati y Londres. Él y su familia viven en una granja en Vermont y en una isla frente a la costa de Massachusetts, gracias a la revolución de la tecnología informática. Se lo puede ubicar en Internet, en la dirección **tom@tompeters.com.**

De una tarea asignada a un ¡Proyecto **UAUU**!

Un ¡Proyecto **UAUU**!... hace ¡UAUU! (y punto).

Un ¡Proyecto **UAUU**!... es dinámico, estimulante, es algo que anuda lazos muy sólidos con los colaboradores, algo que hace ruido entre los consumidores finales y, además... es inspirador, agotador, caliente, chispeante, sensual, un proyecto que todo el mundo quisiera participar.

Un ¡Proyecto **UAUU**!... confronta y redefine un tema o un problema importante de modo tal que sus hacedores (¿piratas?) serán recordados por ese trabajo durante los próximos diez años. ("Yo integré el equipo original de la Mac.") Un aura de innovación envuelve a los hacedores-piratas de estos proyectos.

Un ¡Proyecto **UAUU**!... se mueve a velocidades récord ... es considerado un éxito increíble hasta por sus primeros detractores ...convierte la realización de prototipos en su mantra ... y le hace pito catalán a todo lo que huela a burocracia.

Un ¡Proyecto **UAUU**!... se "mide" directamente en términos de Belleza + Gracia + ¡UAUU! + Impacto revolucionario + Usuario en estado de éxtasis.

Un ¡Proyecto **UAUU**! ... ¡es el lugar donde hay que estar! Es la quintaesencia de usted como marca. Si dejó pasar la oportunidad de estar en ese equipo ... bueno, que tenga más suerte la próxima vez.

Un ¡Proyecto **UAUU**! ... es la máxima expresión de personalidad y carácter. Sus demandas son duras. Sus beneficios, inconmensurables. No es algo para los débiles de corazón.

Un ¡Proyecto **UAUU**! ... comienza en usted.

Títulos del autor publicados por
EDITORIAL ATLÁNTIDA